KB042233

소설로 배우는 실전 창업 마케팅

말아먹고 세 번째

성형철

박영사

차 례

제1부

바닥을 경험하다

당신이 오해한 거야

영후와 수경은 영후의 작은 아파트에서, 마치 신혼부부와 같이 한낮을 보내고, 쇼핑 겸 이른 저녁 식사를 하러 나가기 위해 채비를 하고 있었다.

그때 현관문에서 초인종이 요란한 소리를 내며 연달아 울렸다.

'이 시간에 올 사람이 없는데…, 누구지?'

영후는 조심스럽게 문구멍으로 밖을 내다보았다. 영후는 그 순간 숨이 막히고, 다리가 후들거려서, 그 자리에 멈춰있었다.

영후가 정신을 조금 차린 것은 아파트 문이 부서질 듯이 요란한 소리를 냈기 때문이었다.

문을 열고 들어온 미란은 아무 얘기도 없이 영후와 수경을 노려보았다.

영후는 다리에 힘이 없어, 주저앉고 말았다.

"여보, 당신이 오해한 거야. 우린 그런 사이가 아니야!"

영후는 이 상황을 모면하려고 했지만, 그의 말에는 힘이 없었고, 그의 하얗게 질린 얼굴이 모든 상황을 말해 주고 있었다.

미란은 수경에게 다가가 뺨을 한 대 갈기고는, 영후에게로 와서 차갑게 말했다.

"다 알고 온 거니까, 변명하지는 마세요. 그리고 내일이라도 귀국해서 이혼 절차를 밟으세요. 우리는 더 이상 같이 살 수 없어요."

영후는 더 이상의 변명을 하지 못하고 주저앉아 있었다.

얼마간의 시간이 흐르고, 영후가 조금 마음을 진정했을 무렵에는, 영후의 작은 아파트에는 아무도 없었다.

장미꽃과 안개꽃을 한 다발 가슴에 앉고, 분당 야탑동의 30평 아파트로 들어간 영후는 미란을 설득하기 위해서 모든 방법을 다 써 봤지만, 미란은 끝끝내, 굳게 닫힌 자신의 마음을 열지 않았고, 영후와 눈을 마주치려 하지 않았다.

결국 미란은 아이 둘만 남겨 놓고 냉정하게 가 버렸고, 영후의 어머니가 어린 두 딸을 돌보게 되었다.

'이건 아니야. 내 잘못만은 아니라고….'

'김 부장, 이 나쁜 놈, 의리 없게 집사람에게 고자질을 해? 두고 보자!'

영후는 이렇게 된 일이 내 잘못만은 아니라고 생각했다. 또한 늙으신 어머님에 대한 죄스러운 마음 때문에 홍콩으로 돌아가는 길이 편안하지 않았다.

'어쩌다가 우리 부부는 이렇게 되었을까?'

영후가 K자동차의 홍콩지점 주재원으로 가는 것이 결정되자, 영후의 어머니는 아들의 혼사를 챙기기 시작했다. 활달한 성격의 어머니는 여기저기 좋은 혼처를 알아보시더니 홍콩으로 출발하기 1주일 전에 영후에게 말씀을 하셨다.

"이태원에 조그만 빌딩도 갖고 있고, 집안도 괜찮은 것 같은데 가기 전에 꼭 만나 봐라. 내일 약속을 잡을 테니 시간을 꼭 내야 한다."

영후는 업무를 일찍 정리하고 강남역 부근의 레스토랑으로 갔다. 만나기로 약속한 6시에서 3분 전인데, 맞선 상대는 창가 쪽의 자리에 다소곳이 앉아 있었다. 약간 차가운 인상이었지만, 미인형의 얼굴이라고 생각하면서, 영후는 상대에게 말을 걸었다.

"오미란 씨, 되시죠? K자동차에 근무하는 김영후라고 합니다."

"아…. 시간 맞춰 나와 주셔서 감사합니다. 오미란입니다."

미란은 자신을 소개하면서 모범생 같이 흐트러짐 없는 자세로 말을 이어갔다.

영후는 미란과 이야기를 나누며 차를 한 잔 마시고, 가볍게 한 잔 하자고 제안했다. 미란은 잠시 망설이는 듯이 보였지만 이내 마음을 결정하고 영후의 뒤를 따랐다.

강남역의 외환은행 뒷골목에서 바라보이는 술집에는 빈자리가 없을 정도로 손님들로 가득 차 있었다. 돼지고기에 고추장을 발라 연탄불에 구워 먹는 '고추장 돼지 불고기'가 유명한 집이었다. 영후는 겨우 빈자리를 잡고 앉아서 안주와 소주 두 병을 주문했다.

"어떻게 처음부터, 이렇게…?

초면에, 실례 아닌가요? 제가 괜히 온 것 같네요."

미란이 차가운 표정으로 말하고 자리에서 일어났다.

"아…. 미란 씨, 앉으세요. 손님이 많으니까 소주를 두 병 시키긴 했지만, 다 먹을 생각은 아니었어요. 각자 주량만큼만 마시도록 하지요."

선 채로 영후를 쳐다보던 미란은 화장실에 다녀오겠다고 말하고는, 문 쪽으로 걸어 나갔다.

한참을 기다려도, 미란이 오지 않자, 속 좋기로 소문난 영후도, 은근히 화가 났다.

'얼굴 생김이나 스타일은 마음에 드는데, 튕기기는…, 갈 사람은 가야지….' 하면서, 혼자서 소주를 따라 원샷으로 들이키기 시작했다.

안주도 많이 남아 있었고, 이미 소주는 한 병을 다 비우고 남은 한 병에 반쯤 술이 남아 있었다.

영후는 오늘 맞선도 역시 잘되기는 힘들겠다고 생각했다.

이때 문 쪽에서 들어온 미란은 자리에 앉자마자 영후의 빈 잔에 남은 술을 따랐다.

"아니, 뭐 하시는 거예요? 집에 가신 것 아니었나요?"

"네, 집으로 가려고 했죠. 하지만 따져 봐야 할 게 있어서요. 싫으시면 다시 갈까요?"

"알았어요. 시간 많으니까, 천천히 따져 보기로 하고, 먼저 제 술이나 한 잔 받으세요."

약간 취한 영후는 미란의 잔에 술이 넘치도록 따르고는, 소주를 두 병 더 주문했다.

"정말 대단하시네요. 이렇게 막 나가시면 어떻게 해요? 저희 어머니가 괜찮은 분이라고 해서…."

미란은 화가 난 듯이 보였지만 받은 술잔을 비우고, 영후의 빈 잔에 다시 술을 따랐다.

다음날 잠에서 깨어난 영후는 자신이 집이 아닌 모텔에

있다는 것을 알게 되었다. 다행히 옆에는 아무도 없었다.

'뭐가 어떻게 된 거지? 아무 것도 생각이 나지 않다니….

근래 필름이 끊긴 적이 없었는데….'

당황하던 영후는 시계를 보았다. 시간은 벌써 10시가 넘어 있었다. 회사로 전화해서 김 과장에게 몸이 아파서 오늘 하루 휴가를 내겠다고 말하고는, 집으로 들어갔다.

집에 가니 다행스럽게도, 어머니는 외출 중이셨다. 영후는 안도의 한숨을 내쉬고는 라면을 한 개 끓여 먹고, 자기 방으로 들어가 잠을 잤다.

잠에서 깨어나 거실로 나가니, 어머니가 돌아와 계셨다.

"너 미치지 않았니? 내 친구 딸인데…, 혹시 건드린 거 아니야?

넌 누구 닮아서 그러냐? 한심한 놈 같으니라고…."

어머니는 화를 내시며 덧붙이셨다.

"난 모르겠으니 책임질 일을 했으면 책임을 져라."라고 말씀하시고, 방으로 들어가셨다.

홍콩에 부임한 영후는 지점 설립을 하기 위해서 눈코 뜰 새 없이 바쁜 나날을 보냈다.

처음 홍콩에 들어갔을 때는 지점장과 둘이 호텔에 기거하면서 생활했지만, 지점 설립이 끝나고 안정을 찾게 되면서, 회사에서는 타이쿠싱(太古城)의 30평 아파트를 제공했다. 홍콩의 주거 수준이 열악해서 한 가족 5~6명이 방 한 칸의 아파트에서 모여 살고, 장대로 빨래를 말리는 상황을 생각해 보면, 호화 생활이라고 할 수 있었다. 게다가 현지 수당 등 급여 수준도 국내에 근무하는 동기들보다 3배 정도 많았다.

영후는 홍콩에서의 생활이 꽤 만족스러웠고, 자랑스러웠다.

영후는 부임한 지 한 달이 다 되었을 때에, 미란에게 전화를 했다.

"미란 씨, 잘 지내시죠? 회사에서 아파트도 마련해 주었고, 미란 씨는 몸만 오시면 되는데, 얼른 들어오시죠!"

"영후 씬 늘 그런 식이군요. 결혼도 안 했는데, 들어오라고 하시면…."

전화로 들리는 미란의 목소리는 화가 난 것 같지는 않았다.

영후와 미란은 첫 만남 이후로 출국 전까지 매일 만나서 서로를 알아갔었다. 영후가 생각하기로는, 미란도 결혼을 결심한 것 같기는 했지만 좀처럼 속내를 드러내지는 않았다. 생각해 보면 23살인 미란이 결혼을 서두를 이유는 없을 것 같았다. 영후는 급한 쪽은 내 쪽이라고 생각하고, 홍콩에 와서 자주 전화를 하지 못했던 것을 후회했다.

그 후 영후는 거의 매일 미란에게 전화를 했고, 미란의 생일에 장미꽃과 회사 근처 랜드마크 백화점에서 구입한 명품 백을 선물했다. 선물을 받은 미란이 영후에게 전화를 했다.

"선물 고마워요. 디자인도 마음에 들고…." 하면서, 잠시 침묵이 흘렀다.

"그런데, 계속 모른 척 하실 건가요? 이제는 결혼 날짜를 잡지 않으면 배가 불러와서 티가 날지도 몰라요."

"네? 그러면…."

영후는 이제야 모든 사실을 알게 되었다. 또한 더 이상 생각할 필요가 없었다.

"빨리 예식장을 알아보고, 빠른 날로 잡아요. 우리 집과 회사에는 내가 얘기할 테니까 걱정하지 마세요. 그리고 휴일이 아니어도 상관없으니, 날짜는 신경 쓰지 마세요."

강남에 있는 예식장에서 결혼식을 마친 영후와 미란은 워커힐 호텔에서 신혼 첫날을 보냈다. 영후 부부는 다음날 양가에 인사를 하고, 홍콩으로 떠날 준비를 했다. K자동차에서는 주재원으로 가게 되면 5년 정도 현지에서 근무하는 것이 관행처럼 되어 있었다. 영후는 미란과 홍콩에서 신혼 생활을 한다고 생각하니 가슴이 한껏 부풀어 올랐다.

홍콩에서의 미란과의 신혼 생활은 매우 좋았다. 영후는 회사가 있는 센트럴 거리까지 매일 지하철로 출퇴근했다. 매일 아침 8시 30분에 출근했고, 특별한 일이 없으면 오후 6시에 퇴근해서 6시 30분에 아파트에 도착했다. 영후 부부는 타이쿠싱(太古城)에 있는 윌로우맨션 9층의 30평 아파트에서 살았다. 이 아파트에는 대기업 상사의 주재원들이 많이 살고 있어서, 영후 부부는 그들과 인사를 하고 잘 지내고 있었다. 휴일에는 같이 테니스도 치고, 단지 안의 수영장에서 수영을 하기도 했고, 근처의 바닷가로 가서 싱싱한 회를 즐기기도 했다. 또 근처에 대형 쇼핑몰도 있어서 매주 금요일 저녁이나 토요일에는 부부가 같이 쇼핑을 즐겼다. 한마디로 영후 부부의 홍콩 생활은 부러울 것이 없는 삶이었다.

결혼 후 1년 정도 지나고 부터는 중국으로의 자동차 수출 업무가 많아짐에 따라 정시에 퇴근하는 날이 거의 없었고, 업무 후에 거래처 사장이나 지점장과의 식사와 술자리가 점점 많아지게 되었다. 그렇지만 영후는 휴일에 가족과 함께 지내는 것을 원칙으로 정해 놓고 이를 지키려고 노력했다. 또한 예쁜 딸 '은지'도 생겨서 하루하루가 나를 위해 있다는 생각을 하기도 했다. 미란도 딸이 생긴 까닭에 영후가 집에 늦게 들어와도 그다지 신경을 쓰지 않는 눈치였다.

중국으로의 자동차 수출 업무가 점점 많아지고, 대만에서도 바이어가 많이 찾아옴에 따라 영후는 눈코 뜰 새 없이 바쁜 나날을 보내고 있었다.

이 무렵 영후에게 좋은 일이 생겼다. 둘째 딸 '미지'가 태어난 것이다. 영후는 둘째 딸이 첫째 딸보다 영후를 더 많이 닮았고, 더 정이 많이 간다는 생각이 들었고, 미란과 두 딸에게 더 잘하려고 노력했다.

좋은 일은 쌍으로 온다더니, 영후에게 좋은 일이 또 있었다. 하루 자고 나면 오르는 아파트 가격을 잡기 위해서 정부는 분당과 일산에 대규모 아파트 단지를 조성했고, 운 좋게도 영후는 분당 야탑동에 30평짜리 아파트를 분양받게 되었다. 수백 대 일의 경쟁을 뚫고 내 아파트를 갖게 되니, 30대 초반의 영후에게는 무서울 것이 없었다.

영후가 홍콩지점에 근무한 지 4년이 조금 지났을 무렵에 분당의 아파트가 완공이 되어서 입주를 시작했다. 그 당시에는 당첨된 아파트를 전매해서 시세 차익을 노리는 투기를 방지한다는 정부의 방침 때문에, 전세를 놓는 것은 불법이었고, 새 아파트에는 주인이 입주해야만 했다.

"여보, 새 아파트를 그냥 비워두기도 어렵고, 제가 애들을 데리고 들어가는 편이 낫지 않을까요? 어차피 홍콩 주재원 생활도 1년 정도밖에 안 남았으니까요."

미란이 밤늦게 들어온 영후에게 조심스럽게 말했다.

"아니, 당신이 가면 내가 힘드니까…, 조금 더 기다려보면 무슨 수가 있겠지? 아파트 분양받았다고 부부가 따로 사는 게 말이 되는 소린가? 난 반대야!"

영후는 절대 안 된다고 못 박았다.

영후의 반대에도 불구하고 미란은 귀국하려는 뜻을 굽히지 않았고, 아파트가 완공된 지 6개월쯤 지난 11월 초에, 미란은 딸 은지와 미지를 데리고 귀국을 하고 말았다.

미란과 딸들이 귀국하자, 영후는 마음의 공허함을 메울 길이 없어서 밤늦도록 술을 마시는 날이 많아졌다. 어느 날 저녁 대만 바이어와 식사 겸 술을 마시고, 혼자 아파트로 돌아가는 길에, 회사에서 임시직으로 근무하는 수경이와 마주쳤다.

"김 대리님, 여기 사시나 봐요. 전 당분간 언니 집에서 살고 있는데…, 김 대리님과 같은 아파트인지는 몰랐네요."

수경은 묘한 웃음을 웃으면서 인사를 하고, 자리를 벗어나려고 하였다.

"아…. 수경 씨, 회사에서도 자주 보기 힘든데, 오늘은 딱 마주쳤네요. 전부터 식사라도 한 번 하고 싶었는데요…."

영후는 수경의 늘씬한 몸매에, 눈을 떼지 못하면서 말을 이었다.

"그러시다면 정식으로 초대를 하시면 되죠. 이렇게 갑작스런 자리는 사양하고 싶은데요…."

수경은 얼핏 인사를 하고, 근처 쇼핑몰로 들어갔다.

영후는 순간 자신이 유부남이라는 사실도 잊고, '제가 살 테니 한 잔 하시면 어떨까요?'라고, 말하려고 하는 자신을 발견하고는 멋쩍은 표정으로 잠시 서 있었다.

영후가 수경을 다시 만난 것은 영후가 K자동차를 사직하고 홍콩에서 비즈니스를 시작하려고 할 무렵이었다. 홍콩 시내의 일류 레스토랑으로 그녀를 초대한 영후는 마치 자신이 잘 나가는 사업가인 것처럼 행동했다.

"회사 일은 어떠신가요? 그동안 잘 지내셨죠?"

영후가 먼저 수경의 안부를 물었다.

"김 대리님이 퇴사하시고, 일이 좀 한가해진 것 같아요. 저는 임시직이어서 별 상관이 없지만, 지점장님이 실적을 내기 위해서 열심히 일하시는 것 같지는 않아요.

덕분에 직원들은 잘 지내고 있는 편이고요…, 김 대리님, 아니 김 사장님은 어떠세요?"

"곧 이 근처에 사무실을 얻어서, 새로운 일을 시작하려고 합니다. 서울에서 도와주시는 분들이 있어서, 직장에 매여 있을 때보다 자유롭고, 앞길이 확 트인 느낌이랄까요? 수경 씨도 K자동차 그만두고 저한테 오시죠."

"지금 스카우트 제의하시는 건가요?

하지만 전, 김 대리님과 같이 일하는 것에 대해서는 조금 부정적인데요…."

"아니, 실망인데요. 수경 씨도 제가 얼마나 열심히 일하는 스타일인지 잘 아시잖아요?"

영후는 수경의 말에 조금 열을 받아서인지, 목소리 톤을 올리면서 말했다.

"뭐, 정 저를 원하신다면, 스카우트 조건을 월등하게 제시하세요. 그러면 고려해 볼게요. 이래 봬도 관리라면 똑소리 난다는 거, 잘 아시잖아요?"

영후는 수경과 함께 이런 저런 얘기를 하면서 스테이크를 먹고, 와인을 한 잔씩 마시고는 비교적 이른 시간에 아파트로 돌아왔다.

영후는 K자동차를 퇴사했지만, 여전히 윌로우맨션의 30평 아파트에 살고 있었다. 다만 지난번과 다른 동이었고, 9층이 아닌 11층에 거주하고 있었다. 수경은 아직도 윌로우맨션의 언니네 집에 살고 있었는데, 언니네 집은 영후와 같은 동의 4층이었다.

"같은 동에 살고 있는데 그동안 한 번도 마주치지 않은 건 인연이 없어서겠죠? 전 김 대리님이 저와 같은 동에 아직도 살고 계시는 줄 정말 몰랐어요."

아파트 입구에서 수경이 말했다.

"아니죠. 인연이 없는 것이 아니고, 간절함이 없어서겠죠. 하지만 전 오늘부터는 수경 씨를 자주 볼 수 있게 해달라고 기도해 볼까? 하고 생각했는데….."

"아니, 지금 유부남께서, 제게 무슨 실례의 말씀을 하시는 거죠?

살짝 기분이 나빠지는데요. 앞으로는 전화도 하지 마시고, 마주쳐도 모른 체 해 주시면 좋겠어요."

수경은 말을 마치고 엘리베이터 쪽으로 빠르게 걸어갔다. 영후는 아파트 입구에 멍청히 서 있었다.

영후는 수경이 자기를 좋아한다고 생각했다. 그래서 한 번 잘해 보려고 오늘 자리를 마련한 것인데, 수경이 갑자기 그만 만나자고 하는 이유를 알 수 없었다. 영후는 수경과 그냥 좋은 관계로 지내면 좋겠다는 생각이었다. 영후는 갑자기 억울하고 속이 상했다.

영후는 아파트 밖으로 나가 지나가는 택시를 잡았다. 그대로 집에 들어가면 잠이 올 것 같지 않았다.

홍콩 시내에 무역회사를 차린 영후는 바쁜 나날을 보냈다. 평일은 물론이고, 휴일에도 혼자 출근해서 일을 했다. 휴일에 아무도 없는 아파트에서 빈둥거리며 지내기에는 영후는 너무 젊었다. 직원도 세 명이 있었지만, 휴일에 나오게 하고 싶지는 않았다.

새로 채용한 김 부장이나 민 과장이 그렇게 열심히 일하지는 않는다고 영후는 생각하고 있었다. 특히 김 부장은 눈치를 많이 보면서, 정작 할 일은 잘하지 못해서 계속 같이 갈 수 있을지 고민스러웠다. 하지만 영후는 자신이 채용한

직원을 특별한 잘못도 없이 그만두게 할 만큼 냉정하지는
않았다.

휴일에 회사를 나와서 일을 하던 영후는 점심때가 한참
지났지만, 식사를 하러 나가지 않았다. 오늘따라 혼자 점심
을 사먹기가 싫어서 배가 고파도 참고 있었다.

갑자기 자신이 처량해졌다.

'분당 집에 가서 아내와 아이들과 같이 맛있는 점심을 먹
으면 얼마나 좋을까….'

멍하니 앉아있던 영후는 가방을 챙겨 회사를 나와서 집으
로 향했다. 지하철을 내려 아파트로 걸어가고 있는 영후의
귀에 익숙한 목소리가 들렸다.

"안녕하세요? 김 대리님! 오랜만이네요. 지난번에는 그냥
한번 해본 말이었는데…, 화나신 것 같아요. 연락도 한번 안
주시고…."

수경의 목소리였다.

"아…, 안녕하세요? 정말 어이가 없었죠.

그렇게 말하고 가 버리셨는데 어떻게 전화를 할 수 있겠어요?
화해하실 생각이 있다면 맥주 한 잔 사주세요."

영후가 받아쳤다.

점심도 못 먹고 아무도 없는 집에 혼자 들어가지 않아도
된다고 생각하니, 영후는 기분이 좋아졌다.

영후는 앞서서 근처에 있는 레스토랑으로 향했다.

그날 이후 수경과 영후는 만나는 횟수가 점점 많아졌고, 수경은 6월 어느 날부터, 영후의 무역회사에서 근무하게 되었다.

영후는 수경을 신뢰했고, 수경에게 회사의 경리 업무를 맡겼다.

수경은 빈틈없이 일 처리를 했고, 영후는 수경이 없으면 회사 운영이 힘들겠다고 생각하게 되었다. 그 이유는 수경이가 맡은 업무를 깔끔하게 처리했기 때문이기도 했지만, 모든 일을 일단 결정하면 뒤를 돌아보지 않는 영후의 성격 때문이기도 했다.

얼마 지나지 않아서, 영후의 무역회사에는 사장이 또 한 명 생기게 되었다. 수경은 마치 자기가 사장인 것처럼, 세 명의 직원에 대하여 나름대로의 철저한 관리를 하기 시작했다.

"김 부장님, 지난달 영업비 지출이 너무 많은 것 같은데, 조금 자제해 주셨으면 좋겠어요."

"민 과장님, 지난달 영업 실적이 별로 안 좋네요. 계속 이렇게 하시면 안 되잖아요. 좀 더 노력해 주세요."

김 부장과 민 과장은 이런 수경에 대해서 대놓고 불만을 이야기하지는 못했다. 하지만 둘만의 술자리에서는 '수경이가 회사의 암적인 존재라는 것'에 의견을 같이 하고 있었다.

영후는 수경에 대해 직원들이 수군거리는 것을 알고 있었지만, 아무런 조치를 하지 않았다. 오히려 직원들이 있는 자리에서도, 수경이를 챙겨 주기에 바빴다.

홍콩의 봄날

　영후는 고등학교 시절에 공부를 잘하는 우등생은 아니었
다. 하지만 고등학교에서 영어를 가르치셨던 큰형의 권유로
영어 과목만은 열심히 공부했다. 졸업한 해에는 응시한 대
학에 떨어져서 어쩔 수 없이 재수를 했다. 다음 해에 서울
에 있는 M대학 무역학과에 입학해서 졸업할 때까지 영어만
은 열심히 해야 살 수 있다는 것을 굳게 믿고 있었다. 그 덕
분인지는 모르겠지만 우리나라 일류 대기업 중의 하나인 K
자동차에 입사했다.
　K자동차의 무역부는 회사의 핵심부서 중의 하나로 승용
차, 승합차, 트럭 등을 미국, 유럽, 아시아 각국에 수출하는
역할을 맡고 있었다. 영후는 중국, 태국, 대만 등의 아시아
지역에 자동차를 수출하는 수출2과에 배치되었다. 수출2과

에는 이상동 과장을 포함해서 12명이 근무하고 있었다.

영후는 통로와 가장 가까운 자리를 배정받았다. 그의 옆자리에는 고졸의 베테랑 여사원인 배현자 씨가 앉아 있었다. 배현자 씨는 늘 헤픈 웃음을 웃는 노처녀였다.

출근 첫날부터 일주일간은 회사 생활에 대한 오리엔테이션을 받았고, 선배 사원들의 업무 소개 시간이 이어졌다.

금요일 저녁에는 환영 회식이 있었다. 2차로 간 노래방에서 영후는 그의 18번인 '비 내리는 호남선'을 부르면서 흥을 돋웠다. 영후는 상당한 수준의 노래 실력을 갖추고 있었고, 노는 일이라면 자다가도 벌떡 일어나는 스타일이었다. 농담도 잘 던지고, 웬만하면 남의 말에 맞장구를 쳐 주는 편이었다. 이러한 영후의 '타고난 끼와 열정'은 주위 사람들에게 웃음과 좋은 에너지를 주고 있었다.

오리엔테이션이 끝난 다음 주 월요일에 출근한 영후에게 심각한 고민이 생겼다. 영후는 해외에서 걸려오는 바이어들의 전화 때문에 많은 스트레스를 받았고, 급기야는 배가 아파서 화장실을 자주 드나들었다. 사실은 스트레스 때문에 배가 아픈 경우도 있었지만, 자리에 앉아서 바이어들의 전화를 받고 싶지 않았기 때문이었다.

학창시절에 영어 공부를 열심히 했다고 생각했지만, 실전에서는 아무런 도움이 되지 못했다. 전화벨 소리가 들리면

머리가 아프고, 아무런 생각이 나질 않았다. 그렇지만 전화
는 받아야 했다.

> 영후: "He is not in office. Thank you for calling."
> ("외출 중이신데요, 전화 감사합니다.")
> 바이어: "When will he be back?"
> ("언제 오시나요?")
> 영후: "I don't know. he will be back two weeks,
> sometimes three weeks."
> ("모르겠어요. 2주나, 어쩌면 3주 정도에나 돌아오실 거예요.")

영후는 상대방의 말을 잘 알아들을 수 없어서, 무조건 장
기 출장 중이라고 말하고는 그 자리를 벗어났다.

악몽 같은 시간이 흐르고, 6시가 되자마자 퇴근을 한 영
후는 대형서점으로 가서 'Telephone English(전화영어)'라는
책을 샀다. 영후는 그 날 저녁부터 특별한 일이 없으면 일
찍 퇴근해서 전화영어의 'B'파트를 외우기 시작했다. 바이
어가 무슨 얘기를 하든지 영후는 정해진 'B'파트를 말하고
전화를 끊어 버렸다.

> 바이어: "Hello? This is Jangrian, Nihaw Corporation.
> Is Sangdong Lee there?"

("안녕하세요? 니하오 상사의 장리안인데요. 이상동 과장님 계신
가요?")

영후: "Who is calling?"

("누구시죠?")

바이어: "Who am I talking to? I say, this is Jangrian."

("전화 받는 분은 누구시죠? 장리안이라고 말했잖아요.")

영후: "Whom would you like to speak to?"

("누구 바꿔드릴까요?")

바이어: "Why do I have the same thing to do?
Are you kidding?"

("왜 같은 말을 반복하게 합니까? 당신 지금 놀리는 거야?")

영후: "He is out now. Thank you, Have a good day."

("과장님은 외출 중이십니다. 감사합니다. 좋은 하루 되세요.")

영후는 출근한 지 한 달 정도가 지나면서부터 어느 정도
전화 영어에 적응할 수 있었다. 영후는 자동차에 관한 것도
익히고, 전공인 무역 업무도 어느 정도 익숙해지면서, 서서
히 업무 스트레스에서 벗어나고 있었다.

입사한 지 5개월 정도 된 어느 날, 이상동 과장이 영후를
불렀다. 이 과장은 유명대학의 경영학과를 졸업한 엘리트였
고, 영어와 중국어가 유창했다. 또한 그의 부친은 유명한 작
곡가였고, 집안도 좋다는 소문이 있었다.

"김영후 씨, 업무는 할 만한가요? 대학교 때 중국어를 배웠다고 했죠? 이번에 회사에서 홍콩에 지점을 낼 계획인데, 보내주면 열심히 할 자신이 있나요?"

영후는 전혀 생각지도 않았던 제안에 멍하니 있다가 급하게 말했다.

중국어를 잘하지 못해서 좀 꺼려지기는 했지만, 신이 주신 절호의 기회라는 생각이 들었다.

"네에? 아니…, 저를…. 보내시려고요? 보내주시면 열심히 하겠습니다."

"그래요? 다음 주에 발령이 나면 약 한 달 후에 지점장과 함께 홍콩으로 떠나도록 하세요. 축하합니다."

이상동 과장은 빙그레 웃으면서 말했다.

K자동차의 홍콩지점에서는 원용한 지점장과 영후만 본사에서 발령을 받은 직원이었고, 나머지 직원은 현지에서 채용하였다. 따라서 영후는 지점장을 모셔야 했고, 나머지 현지 직원을 통솔해야 했다. 영후는 R.O.T.C를 마치고, 전방 사단에서 소대장으로 근무하다 제대했기 때문에, 스스로 리더십이 있다고 생각했다. 영후는 리더십을 발휘하기 위해서 언제나 앞장서서 솔선수범했다. 반면에 지점장은 영후가 하는 일을 별로 간섭하지 않았고, 리더십을 발휘한다거나 큰소리를 내는 일이 없었다.

영후는 마치 자신이 지점장이라도 된 듯이 행동했다.

　지점 설립 후 6개월 정도 지나면서부터 영후의 업무는 점점 많아졌다. 전화 문의는 물론이고 회사로 방문하는 바이어가 점점 늘어났다. 1년 정도 지나면서부터, 영후는 제때에 퇴근할 수가 없었고, 점심식사를 못하는 경우도 있었다. 게다가 저녁에는 식사와 술자리가 거의 매일 있었다. 바이어와의 술자리에 지점장이 동석하는 경우는 많지 않았다. 영후도 어지간히 큰 바이어가 아니라면 지점장에게 소개조차 하지 않았다. 지점장이 지점의 실적에는 크게 연연해하지 않는다고 생각했기 때문이었다. 하지만 지점장도 본사임원이나 사장이 오는 경우에는 180도 달라졌다. 모든 역량을 총동원해서 본사의 임원이나 사장을 극진히 모셨다. 영후도 본사에서 임원이나 사장이 오는 경우에는 아침부터 호텔로 가서 그분들의 일정을 조정하고, 그분들과 동행했다. 식사나 술자리, 쇼핑, 관광, 골프 등의 일정은 최고 수준으로 마련했으며, 그분들이 호텔로 돌아가서 쉬실 때까지 부족함이 없도록 최선을 다했다.
　이런 이유 때문에 홍콩지점의 실적은 좋은 편이 아니었지만, 사장님이나 임원들은 원용한 지점장과 영후를 신뢰하고 감싸주었다.
　사장님이 홍콩과 중국 출장을 마치시고, 귀국하기 전날

저녁 술자리에서 말씀하셨다.

"홍콩지점은 설립한 지 그리 오래되지 않아서 아직은 실적이 좋지는 않지만, 중국과의 거래가 성사되면 잘될 거야. 나는 원 지점장과 김 대리를 믿어.

원 지점장, 김 대리, 잘할 수 있지?"

이처럼 홍콩지점은 사장님과 본사의 전폭적인 지지와 지원을 받고 있었다. 하지만 홍콩지점은 그것에 걸맞은 좋은 실적을 내지 못했고, 영후는 그 이유를 지점장의 소극적인 영업 스타일 때문이라고 생각했다. 영후는 애사심과 사명감으로 충만해서, 한 건의 거래도 놓치지 않으려고 최선을 다했다.

영후는 '열심히 노력하면 결실을 맺을 것'이라는 굳은 신념을 갖고 있었다.

영후가 홍콩지점에서 근무한 지도 3년이 넘었지만 홍콩지점은 이렇다 할 실적이 없었다. 그러던 어느 날, 중국의 VIP가 승합차와 트럭을 구입하고 싶으니, 센트럴의 특급 호텔인 오리엔탈 호텔로 들어오라는 전갈을 받았다. 마침 지점장은 본사 회의에 참석 중이어서, 영후가 호텔로 VIP를 만나러 갔다.

호텔의 특실로 들어간 영후는 십여 명의 부하들을 거느린

40대 초반의 잘생긴 남자 앞에 서서, 15종류의 승합차와 트럭에 대한 제품의 특징을 간략하게 중국어로 설명하였다.

영후의 중국어 실력은 많이 향상되었지만, 유창하다고는 할 수 없었다.

그 남자는 뚫어지게 영후를 바라보고 있었고, 영후의 설명은 듣지도 않는 것 같았다. 최선을 다하여 설명을 마친 영후에게 그 남자는 승합차 한 종과 트럭 한 종에 대하여 간략하게 질문을 했다.

고개를 끄덕이던 그 남자는 결론을 내리듯이 말했다.

"일단 승합차 500대와 트럭 500대를 수입하고 싶습니다. 당신 설명을 들으니, 우리가 필요한 것이 무엇인지 알 것 같습니다. 실무적인 절차는 내 비서와 상의하도록 하시고요…."

그의 비서와 실무적인 절차를 의논하면서, 영후는 그 남자가 공산당 총서기의 셋째 아들이라는 사실을 알게 되었다.

사무실로 돌아온 영후는 이 기쁜 소식을 지점장에게 보고하고, 수출 준비를 하였다.

당시 우리나라는 중국과 수교가 없었고, 중국으로 국산 자동차를 수출하는 것은 최초의 일이었다. 영후는 역사상 최초로, 중국으로의 자동차 수출을 자신의 손으로 한다고 생각하니 믿어지지가 않았고, 밤늦도록 잠이 오지 않았다.

당시 승합차 500대와 트럭 500대의 가격은 약 50만 불이었다.

영후는 중국의 준 국영기업을 통해서 광동성으로 자동차를 수출했다.

며칠 후에 국내의 4대 일간지에 K자동차의 중국 수출 기사가 경제면에 실렸다. 지점장과 자신의 이름이 신문 기사에 있었다. 자신의 이름을 신문에서 확인한 영후는 그동안의 모든 노력이 헛되지 않았고, 장차 자신은 K자동차의 사장이 될 거라고 생각했다.

그 후에도 영후는 중국 준 국영기업을 통해서 해남도로 승합차 500대와 트럭 700대의 추가 수출 오더를 받았다. 영후는 갑자기 쏟아지는 중국의 오더로 입을 다물 수가 없었다.

영후는 중국의 바이어를 홍콩으로 초대해서, 지점장과 함께 접대를 하기로 했다. 일행은 일류 레스토랑에서 식사를 마치고, 지점장이 추천하는 최고급 룸살롱으로 손님들을 모시고 갔다.

룸살롱 앞에는 '볼브클럽(VOLVE CLUB)'이라고 쓰여 있었다.

입구를 따라 지하로 내려가자 2인승의 멋진 승용차가 여러 대 대기하고 있었다.

한 사람씩 승용차에 오르면, 운전석에서 운전을 하는 멋진 여성을 만나게 되는데, 그녀가 오늘의 파트너가 된다. 그녀들은 손님을 예약한 룸까지 승용차로 안내했다.

그 룸살롱은 여성 도우미의 숫자만 거의 오백 명 정도였고, 웨이터, 주방 등 종업원 수가 일천 명이 넘었다. 유흥업소라기보다는, 크기가 축구장 두 개 정도는 돼 보이는 거대한 기업이었다.

영후가 파란색의 승용차에 올라탔을 때, 영후는 정신이 없었다. 평소에 영후가 갈망했던 얼굴, 몸매, 이미지를 가진 탤런트 스타일의 멋진 여성이 운전석에 앉아 있었기 때문이었다.

"안녕하세요? '람샤오린(林素璘)'이라고 합니다. 이렇게 젊은 분이실 줄 몰랐습니다. 오늘 잘 모시겠습니다."

그녀가 영어로 말했다.

"아…. 네, 이렇게 뵙게 되다니, 영광입니다. '영후 킴'이라고 합니다.

그런데, 홍콩 분이신가요?"

영후도 긴장된 표정으로, 영어로 말했다.

"네, 홍콩에서 대학을 다니다 지금은 휴학 중입니다. 다 왔습니다. 내리시죠."

예약된 룸으로 들어간 영후는 다시 한 번 놀랐다. 넓은 룸에는 파트너와 둘만이 앉을 수 있는 편안한 의자와 호화로운 장식의 탁자가 사람 수에 맞춰 배열되어 있었고, 앞

쪽에는 작은 무대와 음향 및 조명 시설이 있었다.

룸 안으로 들어서자, 원 지점장이 일어서서 유창한 영어로 감사 인사를 했고, 바이어들도 답례를 했으며, 건배가 이어졌다.

술이 어느 정도 취해가자 각자 자신의 파트너와 춤도 추고, 노래도 부르면서 흥겨운 시간을 가졌다.

"여기에는 젊은 분들이 많이 오시지는 않는데, 어떤 회사에 다니시나요?"

그녀가 영후에게 물었다.

"아⋯. 네, 한국의 자동차 회사에 근무하는데, 최근에 중국에 자동차를 수출했습니다. 그래서 오늘 바이어 분들을 모시고 오게 됐죠."

영후가 말했다.

"사실 저도 반은 한국 사람입니다. 어머니가 한국 분이시죠. 하지만 어머니는 돌아가셨어요. 정말 좋은 분이셨는데⋯."

람샤오린은 말을 멈추고, 어두운 표정이 되었다.

"아⋯, 정말 유감입니다.

살아계셨다면, 한 번 뵙고 싶은데⋯.

하지만, 오늘은 즐거운 생각만 하세요. 화장이 지워지면 예쁜 얼굴이 엉망이 되는 수가 있어요."

영후가 유머러스하게 말하고는 그녀를 무대로 이끌었다.

유감스럽게도 볼브클럽은 파트너와 2차를 나가는 것이

허용되지 않았다. 고객을 최고로 모시기는 했지만, 파트너를 종처럼 부리거나 2차를 계속 요구하면 추방될 뿐만 아니라, 차후에는 예약이 되지 않았다.

술자리가 파할 무렵에, 영후가 그녀에게 명함을 건네며, 한국어로 말했다.

"오늘 너무 기분이 좋습니다. 다시 한 번 뵐 수 있는 기회를 주시겠습니까? 점심 식사에 초대하고 싶습니다."

"네, 저도 좋은데요… 제가 다음에 연락 한 번 드릴게요."

그녀도 한국어로 대답했다.

그녀에게서 받은 멋진 인상과 이미지를 잠시 잊고 있었던 어느 날, 람샤오린이 영후를 센트럴에 있는 베트남 식당으로 불러냈다. 그녀는 영후가 베트남 음식을 좋아한다고 말한 것을 잊지 않고 있었다.

식사를 마치고 영후는 회사로 돌아가려고 했다.

"모처럼 모국 분과 의기투합했는데, 그냥 들여보낼 수가 없어요. 회사에서 잘리시면 저한테 오세요."

그녀는 장난스럽게 말하며, 영후의 팔짱을 꼈다.

그녀의 고급 컨버터블 승용차는 센트럴에서 멀지 않은 해변가에 있는, 선샤인 호텔로 들어갔다.

방으로 올라간 그녀와 영후는 와인을 한 잔씩 마셨다. 와인을 한 잔 더 마신 영후는 더 이상 참을 수가 없었다.

"람샤오린! 내가 왜 당신을 지금에서야 만나게 되었는지 모르겠어요. 당신과 오래 오래 같이 살고 싶어요….

I Love you."

영후가 그녀를 안으며 말했다.

"영후 씨! 저도 첫 눈에 당신을 사랑하게 되었어요! 이게 운명일까요?"

그녀가 가쁜 숨을 내쉬며 말했다.

침대로 간 두 사람은 오랜 시간 떨어지지 않았다.

이렇게 시작된 람샤오린과의 만남은 일 년 넘게 계속되었다. 영후는 람샤오린이 영리한 여자라고 생각했다. 그들 사이에는 긴 대화가 필요하지 않았다. 서로 바라만 보아도 상황을 이해했고, 서로의 느낌이 전달되었다.

그녀는 영후의 생일을 기억했고, 생일에 값비싼 시계를 선물했다. 그에 비하면 영후가 그녀에게 해준 것은 별로 없는 것 같았다.

어느 날, 람샤오린에게서 전화가 왔다.

"영후 씨, 볼브클럽도 그만두었고….

또…."

말을 잇지 못하는 그녀의 목소리는 젖어 있었다.

"거기 어디죠? 지금 내가 그리로 갈게요."

말을 마친 영후는 센트럴에 있는 바(Bar)로 그녀를 만나러
갔다.

그녀가 홀로 앉아 있는 테이블에는 이미 양주 반병이 비
워져 있었다.

그녀는 다음 달에 영국에 있는 유명 대학으로 생명과학을
공부하기 위해서 출국한다고 말했다.

영후는 그 말을 믿고 싶지 않았다.

"달링…, 보낼 수도 막을 수도 없군요. 하지만 남아 있는
이 남자는 앞으로 어떻게 살아야지요?"

영후는 울고 싶은 마음을 억누르면서 말했다.

홍콩에서의 남은 날은 일주일이었다.

영후는 아내 미란에게는 출장을 간다고 말하고는 회사에
휴가를 냈다.

영후는 업무에 대한 의욕이 지나쳐서 지점장과 충돌하는
일이 간혹 있었는데, 12월 어느 겨울날에는 지점장과 크게
말다툼을 하는 일이 발생했다. 그 일로 인해서 지점장은 본
사 임원에게 얘기해서, 영후를 본사 부품수출팀으로 발령이
나도록 했다.

본사의 동기로부터 발령 사실을 미리 듣게 된 영후는 지
점장에게로 갔다.

"지점장님, 어차피 6개월 뒤에는 본사로 들어가려고 했는

데…, 아니, 5년 6개월일 수도 있겠죠.

그런데 제가 그렇게 밉습니까? 지난번의 제 실수는 사과하지 않았습니까?

너무 쫀쫀하게 살지 마십시오. 부서의 장이시면 큰 정치를 하셔야지요."

영후는 지점장에게 사직서를 제출하면서 속에 있는 말을 했지만, 기분이 좋지 않아서 혼자 술을 마시면서 마음을 달랬다.

이렇게 해서 영후의 직장생활은 막을 내리게 되었고, 영후는 다시는 직장으로 돌아갈 수 없었다.

우연한 기회

　K자동차를 사직한 영후는 고국으로 돌아가고 싶지 않았다. 홍콩이 너무 좋았다. 비록 K자동차의 사장이 되지는 못했지만, 결국은 더 큰 회사를 만들어서 많은 돈을 벌 수 있을 거라고 기대했다.

　일단 귀국을 해서 미란과 아이들도 보고, 친구들과 술도 한 잔 하고 싶어진 영후는 인천공항 행 비행기를 탔다. 퍼스트클래스를 탈까 하고 생각했지만, 돈도 그렇고 해서 비즈니스 좌석에 탑승했다.

　탑승하고 조금 지나자, 옆자리에 노신사가 앉았다. 영후는 노신사에게 목례를 했고, 잠시 귀국해서의 일정을 생각하고 있었다.

"젊은이, 술 할 줄 알면 한 잔 하겠나?"

노신사가 말을 걸었다.

"아! 네, 어르신…, 한 잔 주십시오."

영후가 대답했다.

술은 양주였다. 우리나라 역대 대통령 중에 한 분이 즐겨 마셨다는 술이었다.

노신사는 명함을 건네며 말을 이어갔다.

노신사는 피혁 제품을 제조하는 상장회사인 S피혁의 반 갑수 회장이었다.

영후는 반 회장이 부족한 것이 전혀 없어 보이는 편안한 얼굴이라고 생각했다.

"젊은이는 어떤 일을 하고 있나?"

반 회장이 물었다.

"네, 사실은 얼마 전에 K자동차를 사직하고 놀고 있는데, 앞으로 뭐를 해야 할지 고민하고 있습니다."

"그래. 그럼 잘되었구먼. 내가 홍콩에 출장 온 이유가 홍콩을 통해서 중국에 우리 제품을 판매하려는 것인데…, 자네가 한 번 해볼 생각이 있나?"

반 회장은 부드러운 표정으로 웃으며 말했다.

"제가 아는 거라곤 무역 업무와 자동차 파는 일 정도인데….

하지만 제품을 주시면, 중국에는 팔 수 있을 것 같습니다.

사실 제가 K자동차에 있을 때, 중국에 최초로 자동차를 수출해서 신문에 난 일도 있고···.

아무튼 열심히 해 보겠습니다.”

영후는 중국으로의 수출 실적을 얘기하면서 은근히 자신의 능력을 자랑했다.

“그래! 역시 내가 사람 보는 눈은 있구먼. 그런데, 자네는 결혼했나? 안 했으면 내가 예쁜 딸이 하나 있는데, 아직 결혼을 안 했거든···.”

“아이고, 죄송합니다. 제가 결혼을 좀 일찍 해서 딸이 둘이나 있습니다. 미혼이었다면, 따님을 볼 필요도 없이 장인어른으로 모시고 싶습니다.”

영후가 안타까운 듯이 말했다.

“에고! 인연이 안 되면 할 수 없지. 하지만 귀국하면 내 사무실로 꼭 찾아오게나.

자네에게도 좋은 기회가 될 거야.”

반 회장은 조금 아쉬운 듯 말했다.

양주 한 병이 거의 바닥을 드러낼 무렵에, 영후가 탄 비행기는 인천공항에 도착하고 있었다.

분당 집에 도착하자, 아내 미란과 딸들이 영후를 반겨주었다. 애가 둘임에도 불구하고 미란은 여전히 처녀 같은 아름다움을 유지하고 있었다. 영후는 얼른 밤이 왔으면 좋겠다고 생각했다.

미란은 말을 하지는 않았지만, 영후가 K자동차를 사직한 것을 못마땅해 하는 것 같았다.

"이제 귀국을 하셨으니, 여기서 다시 일자리를 찾아봐야 하지 않을까요?"

미란이 말했다.

"2~3년 정도만 홍콩에서 무역 일을 더 해볼까 하는데, 당신은 괜찮겠어?

나도 당신과 떨어져 지내니, 당신이 너무 보고 싶었어!"

"홍콩에서 사업이 얼마나 잘될지는 모르겠지만, 전 당신과 떨어져서 사는 게 정말 싫어요. 돈을 많이 번다고 행복한 게 아니잖아요. 좀 쉬시면서 다시 생각해 보세요."

미란은 영후가 홍콩으로 다시 돌아가는 것을 반대했다.

"사실 S피혁의 반갑수 회장이 나에게 홍콩지점을 설립해 줄 테니, 중국으로 피혁제품을 수출하라고 하셔. 난 별로 돈을 들이지 않고 무역회사를 세워서 피혁과 자동차 부품 등을 수출할 수 있으니, 이보다 더 좋은 기회는 없다고 생각해."

영후가 확신에 찬 어조로 말했다.

미란은 여전히 반대했지만 이미 결정을 내려버린 영후를 설득할 수는 없었다.

오랜만에 고국에 돌아온 영후는 열흘이 넘도록 매일 저녁 친구들과 만났다. 영후는 저녁부터 다음 날 새벽까지 술을 마셨고, 낮에는 잠을 자는 패턴을 반복했다.

영후는 술에 지칠 때가 되어서야 S피혁에 전화를 걸었다.

"이 친구야, 지금 뭐 하고 있는 건가? 빨리 회사로 오게."

반 회장은 화가 났는지 조금 크게 말씀하셨다.

"회장님, 죄송합니다. 집에 모친이 몸이 좀 안 좋으셔서…, 지금 가서 뵙겠습니다."

영후는 멀쩡한 모친을 팔면서 말했다.

서울 장안동에 본사 건물을 갖고 있는 S피혁은 업계에서 1, 2등을 다투고 있는 오래 된 상장회사였다. 그것에 걸맞게 10층의 회장실은 넓었고, 예쁜 비서가 영후를 반 회장에게 안내했다.

반갑게 영후를 맞은 반 회장은 자신의 처남인 조 사장을 영후에게 소개했다. 조 사장은 반 회장과 달리 찔러도 피 한 방울 나올 것 같지 않은 차가운 인상이었다.

세 사람은 영후가 S피혁의 홍콩 대리점을 어떻게 운영해야 하는지에 대하여 오랜 시간 동안 회의를 했다.

영후는 다음 날부터 일주일간 제품 교육을 받았고, 며칠 후에 홍콩으로 돌아갔다.

영후는 S피혁의 홍콩 대리점으로 SK상사라는 무역회사를 설립했다. SK상사는 S피혁의 홍콩 대리점으로서의 역할이

주였지만, K자동차 협력 회사의 자동차 부품을 중국 등 아시아권에 수출하는 업무도 겸하고 있었다.

피혁 산업은 호황기에 들어 있었지만, 아직 중국에는 질 좋은 피혁 제품이 많지 않았고, 영후는 자신이 알고 있는 중국 회사를 통해서, 피혁 제품을 수출하기 시작했다.

SK상사는 설립 첫해부터 30억 원 정도의 매출을 올렸고, 영업 이익이 좋은 편은 아니었지만, 연간 3억 원 정도가 되었다.

영후는 '사업이란 이익보다는 매출이 더 중요하다'고 믿고 있었고, 먼저 '일을 되게 만드는 것이 중요하다'는 것을 본능적으로 알고 있었다.

생각지도 않게 반 회장을 만나서, 뜻하지 않게 일이 잘 풀리는 것은 영후에게는 행운인 것 같았다. 영후는 대박은 아니었지만, 중박 정도는 된다고 생각했다. 영후는 가슴이 뿌듯했고, 자신이 자랑스러웠다. 또한 내년에는 50억 원 정도의 매출과 5억 원 정도의 이익을 낼 수 있을 거라고 생각했다.

자신감이 붙은 영후는 홍콩과의 연락과 제품 관리를 하기 위해서 서울에 SK상사의 지사를 내고, 큰형님께 관리를 맡겨야겠다고 생각했다. 큰형님은 영후보다 나이가 열세 살 많았는데, 당시 A은행 국제부에 근무하고 있었다.

"형님, 계속 월급쟁이만 하시다 언제 돈을 벌겠습니까? 제가 이번에 서울지사를 냈으니, 형님이 관리를 맡아 주시면, 제가 믿고 일을 잘할 것 같아요. 우리 회사가 잘되고 있는 건 형님도 아시잖아요. 당장 출근하시죠."

영후는 망설이는 큰형을 설득해서 서울지사를 맡겼다.

SK상사는 피혁 제품의 매출이 70~80%를 차지하고 있었고, 나머지 매출의 대부분은 자동차 부품이었다. 피혁 제품의 매출은 설립 이후 꾸준히 늘어났다. 하지만, 자동차 부품은 경쟁업체들이 많아져서, 매출 비중이 점차 줄어들고 있었다.

영후는 자동차 부품 사업의 매출 비중을 줄이고, 중국에서의 영업을 강화해서 피혁 분야의 매출을 늘리기 위해서, 서울 본사로 반 회장을 만나러 갔다.

반 회장은 영후를 반갑게 맞으시며 말씀하셨다.

"자네가 요즘 사업을 잘하고 있어서, 나도 기분이 좋구먼. 그런데, 국내와 아시아권의 대부분 피혁 제품 시장은 성숙기를 지나 후퇴하고 있는 느낌이야. 그렇지 않아도 자네를 불러서 술 한 잔 하려고 했는데, 나가서 얘기하지."

반 회장과 영후는 다음 날 새벽까지 술을 마시며 많은 얘기를 나눴다.

S피혁은 올해부터 매출과 이익이 줄면서, 주가도 반 토막

이 났고, 은행권에서도 신규 대출을 해 주지 않아 자금 사정이 어렵다는 것이었다.

반 회장은 신제품을 히트시키거나, 신규 시장에서 성공하지 못한다면 사업을 계속할 수 없을지도 모르겠다고 말하면서, 양주를 맥주잔에 따라 마셨다.

영후도 눈앞이 아찔하고 아무런 생각도 잘 나지 않아서, 반 회장처럼 맥주잔에 양주를 마시면서, 폭음을 하기 시작했다. 반 회장께 중국 시장 매출을 확대하겠으니, 밀어달라고 말하려고 왔는데, 말도 못 꺼내고 술만 먹게 되어서, 영후의 머릿속은 혼란스러웠다.

하지만, 이런 말을 해야 하는 반 회장님은 얼마나 괴로울까?

"회장님, 인생 뭐 있습니까? 앞으로 제가 회장님을 형님으로 모시고, 사업이 어려워지더라도 끝까지 의리를 지키겠습니다."

영후가 술을 너무 많이 먹고 한 말이기는 했지만, 영후의 진심이 담긴 말이었다.

홍콩으로 돌아온 영후는 현재의 상황을 분석하기 시작했다. S피혁에 문제가 생겨서 제품 공급이 원활하지 못하거나 부도 등으로 사업을 중단한다면, SK상사를 운영할 수 없다는 것은 자명한 일이었다. 하지만 아직 일어나지도 않은 일을 걱정하면서 고민을 하는 것은 영후의 스타일이 아니었다. 영후는 종전과 마찬가지로 공격적으로 업무를 진행했다.

그러나 영후가 SK상사를 설립한 지 3년이 조금 지난 어느 날, 드디어 올 것이 오고야 말았다. S피혁의 주식이 부도 발생으로 증권 시장에서 거래 정지가 된 것이었다.

영후는 반 회장에게 전화를 걸었다.

"회장님, 걱정이 많으시죠? 사태가 수습될 수 있는 건가요? 아니면 어렵겠습니까?"

영후가 조심스럽게 물었다.

"어려울 것 같구먼. 자네를 한 번 봤으면 좋겠는데…. 가슴이 너무 아프다네. 전화 이만 끊을게."

반 회장이 말했다.

영후는 수화기를 든 채 잠시 멍하니 있었다.

다음 날 S피혁을 방문해서 반 회장을 만났을 때, 영후는 놀라운 사실 하나를 알게 되었다.

반 회장의 처남인 조 사장이 피혁 제품 시장이 하락세를 벗어나기 힘들다는 것을 미리 알고는, 1년 넘는 기간 동안 100억 원 정도의 자금을 빼돌리고 잠적을 한 것이었다.

조 사장은 일류 대학의 회계학과를 졸업하고 30년이 넘는 기간 동안 기업 회계와 자금을 담당한 전문가였다. 반 회장은 자금 및 회계 부분은 전적으로 조 사장에게 맡겨 놓고 있었다. 반 회장은 주로 회사의 마케팅 부문에만 관여했고, 자금 부문은 큰 부분만 처남인 조 사장에게서 보고를 받고 있었다. 지금 조 사장이 잠적했다는 것은 회사가 부채를 청산하면 남는 자금이 거의 없다는 것을 의미했다.

"피혁 시장이 꺼꾸러지기 전에 내려 왔어야 했는데…, 내가 너무 어리석었어."

반 회장은 영후를 보면서, 알기 어려운 흐릿한 미소를 지었다.

"내가 술 한 잔 크게 살 테니, 같이 나가세."

반 회장이 말을 마치고는 일어섰다.

영후는 홍콩의 SK상사를 정리하고, 귀국을 했다.

약 8년 8개월의 홍콩 생활은 영후에게 많은 것을 주었다. 그러나 잃은 것도 많았다.

분당 집에는 아내였던 미란이 없었고, 두 딸은 어머님이 기르고 계셨다.

영후가 SK상사를 정리하기는 했지만, 분당의 아파트 한 채와 5억 원 정도의 현금이 그의 계좌에 있었다.

우연히 반 회장을 만나서 사업의 재미를 맛보기도 했지만, 하루아침에 그 사업을 그만두게 된 것이다. 영후는 자신이 지금의 상황을 어떻게 대처해야 하는지 알 수가 없었다.

한 번 사업에 손을 대고 보니, 취업한다는 것은 생각할 수도 없는 일이었다.

영후는 30대 중반이었고, 낙천적인 성격이었으며 남의 간섭을 받는 것을 매우 싫어하는 편이었다. 영후는 무언가 새로운 사업을 해서 많은 돈을 벌어야겠다고 생각했다.

새로운 출발, 그리고 사업이라는 열차

　영후가 국내에 들어와서 처음으로 한 일은 그 당시 대기
업 사장들이 타는 최고급 승용차를 한 대 산 것이었다. 그
후에 영후는 SK상사의 서울 사무소 자리에 '영원테크(주)'
간판을 달고 새롭게 사업을 시작하였다. 피혁이나 자동차
부품 등의 무역업은 오퍼를 받아서 처리하면 문제가 없었지
만, 그 이외의 무역 분야는 해 본 일이 없고, 전문성이 없어
서 자신이 없었다. 또한 무역업은 제조업에 비해서 마진이
적었기 때문에, 영후는 제조업 분야의 아이템을 하나 잡아
서, 그 아이템으로 돈을 벌어야 한다고 생각했다. 하지만 그
아이템을 무엇으로 해야 할지는 아직 결정을 하지 못했고,
제조업 중에서 돈을 벌 수 있는 아이템에 대한 여러 가지
정보를 수집하고 있었다.

그러던 어느 날 영후는 고등학교 동창회에서 오랜만에 만난 친구들과 술을 한 잔 하게 되었다.

"요즘에 키토산이 건강식품 중에서 1위를 하고 있는데, 인기가 장난이 아니래…."

키토산 등 건강식품 원료를 판매하는 해골이라는 친구가 말했다.

"그래? 키토산이 그렇게 좋은 건가? 내가 해외에 있다 보니, 국내 사정이 어두워서 말이야…."

영후가 말했다.

"국내 대기업인 L그룹에서 키토산 원료를 수입해서 건강식품을 제조하고 판매하거든…, 그 제품이 잘 팔리니까 너도 나도 키토산 건강식품을 만들어서 판매하고 있지."

"해골! 너도 원료 장사하니까 키토산 좀 구해줄 수 있지? 내가 뭔가 해 보려고 하는데, 마땅한 아이템이 없어서 말이야…."

"뭐 나야 원료를 판매해서 좋기는 하지만, 여러 업체가 뛰어드는 걸 보니까, 그렇게 오래갈 것 같지는 않다는 생각이 들어서, 네게 추천해도 되는지 모르겠다."

"아이고, 판매 잘 안 된다고 책임지라고 하지는 않을 테니까, 내일 샘플하고 관련 자료를 나한테 보내줘라. 그리고 좋은 정보를 줬으니 오늘 술값은 내가 낼게."

영후는 물이 올랐을 때, 1~2년 팔다가 다른 종목으로 바꾸면 되지 않겠냐는 생각에서, 키토산 건강식품으로 새로운 사업을 시작하기로 결심했다.

다음 날부터 영후는 키토산 공부에 몰두했다. 영후는 서점으로 가서 키토산과 관련된 책을 모두 구입해서 읽기 시작했다. 영후는 '사람은 아는 만큼 보인다'는 말을 철저하게 믿는 편이기 때문이었다.

그로부터 3개월 정도 지나자, 영후는 키토산에 대하여 어느 정도 이해하게 되었다. 또한 친구로부터 일본에서 키토산으로 박사학위를 받았다는 하기수 교수를 소개받아서, 약한 달간 과외 수업을 받고 보니, 그동안 책에서 읽은 내용의 조각들이 짜 맞추어진 듯이 하나의 그림을 형성하게 되었다.

영후는 가장 효과가 좋다는 고분자의 수용성 키토산을 주원료로 하는 키토산 건강기능식품을 만들었다. 영후가 회사를 설립한 지 6개월 만의 일이었다. 영후는 제품의 이름을 '키토화이버'로 정하고는 판매 방법을 고민했다. 하지만 만드는 것은 공부해서 하면 되었지만, 어떻게 판매할지가 난감했다.

생각 끝에 영후는 방문 판매 사원을 모집하기로 했다. 일간 신문과 동네 소식지에 조그맣게 모집 광고를 냈더니, 다음 날부터 문의가 들어오고 사람들이 모이기 시작했다. 영후는 그들 중에서 일곱 명을 뽑아서 판매팀을 구성하였다.

영후는 판매 사원 중에서 가장 경험이 많고 나이가 많은 남자 분을 팀장으로 임명해서, 팀의 업무를 관장하도록 했다. 여섯 명의 팀원은 여자가 세 명, 남자가 세 명이었다.

영후는 처음 5일 동안 오전 10시부터 12시까지 판매팀을 모아 놓고 키토산에 대한 이론과 제품 교육을 실시했다. 오후에는 팀장에게 판매 교육을 시키도록 했고, 팀원들과 판매 계획을 의논해서 마케팅 계획을 세우도록 했다.

일주일이 지났음에도 불구하고 이 팀장은 마케팅 계획에 대하여 말을 하지 않았다. 답답해진 영후는 이 팀장을 사장실로 불렀다.

"이 팀장님, 제가 지난주에 말씀드린 마케팅 계획은 어떻게 되고 있나요?"

"아…. 네, 지금 열심히 하고 있습니다만, 신제품이라 판매가 어렵다는 의견이 많습니다. 고객들이 키토산을 많이 알고는 있지만, 대기업인 L사의 제품을 사는 사람이 대부분이기 때문에 우리 제품을 판매하기는 쉽지 않습니다. 그래서 영업 사원 판매 수당을 제품가의 50% 이상은 책정해야 할 것 같습니다."

이 팀장이 심각한 표정을 지으며 말을 했다.

"판매가를 박스 당 36만 원으로 하고, 영업 사원에게 15만 원에 공급하면 되겠지요? 고객에 따라 할인해 주는 것은 알아서 하도록 하시고요….”

“3개월분이긴 하지만, 판매가가 높은 편이라 판매 수량이 많을 것 같지 않아서 걱정입니다.”

이 팀장이 표정을 누그러뜨리며 말했다.

“품질이 우수한 고분자 수용성 키토산을 썼다는 것을 강조하시면서, 열심히 판매하도록 독려해 주세요. 판매 수당은 괜찮은 편이지 않습니까?

잘 부탁드립니다.”

다음 날부터 판매팀은 오전 9시부터 한두 시간 동안 회의와 간단한 교육을 받고는 영업을 하러 나갔다. 판매팀의 첫 달 실적은 48박스였다. 영업 수당을 제외하면 실제 매출은 700만 원 정도 되는 것이었다. 이렇게 판매하다가는 1년에 매출 1억 원도 하기 어려웠다. 게다가 다음 달에는 영업 사원 두 명이 사직을 했다.

판매를 시작한 지 6개월째가 되자, 판매팀은 이 팀장과 가정주부이신 여사원 한 분만이 남게 되었다. 5개월 동안 판매한 수량은 500박스 정도였다. 이번 달로 회사를 설립한 지 1년이 되는데, 매출은 고작 1억 원 정도 밖에 되지 않았고, 1억 5천만 원 정도의 적자가 날 것 같았다.

영후는 머리가 아팠지만, 어디에서부터 무엇이 잘못되었는지 알 수가 없었다.

영후는 방문 판매에서 성과를 보지 못하자, TV 광고를 생각하고 있었다.

그러던 어느 날, 당시 새롭게 시작된 케이블 방송사의 본부장인 염 선배가 영후의 제품을 50% 할인가로 구입을 했는데, 염 선배의 처가 효과를 보았다고 했다. 염 선배의 처는 평소에 변비가 있었는데, 영후의 제품을 복용하고부터는 변비가 감쪽같이 사라지고, 속이 편안해졌다는 것이었다.

"내가 최대한 저렴하게 해볼 테니까, 한 6개월 정도 내보내 보자고….

광고비 일부분은 제품으로 대신 줘도 되고…."

염 선배가 영후에게 말했다.

이렇게 해서 영후는 TV 광고를 4개월 간 진행했는데, 광고비는 3개월분만 지불하기로 했다.

영후는 대표이사로서 TV 광고에 출연했다.

영후는 '믿을 수 있는 키토화이버! 제 이름을 걸고 권해 드립니다!'라는 멘트를 하면서 엄지손가락을 치켜 올렸다. 그리고 사람 좋은 웃음으로 고객의 마음을 사로잡으려고 했다.

하지만 TV 광고의 효과는 별로 없었다. 4개월 동안 십여 통 정도의 문의 전화를 받았을 뿐이었다.

'2천만 원 가까운 큰돈을 들여서 TV 광고를 했는데, 문의 전화 몇 통이라니….'

영후는 어이가 없었다.

키토화이버를 출시한 지 1년이 지났음에도 불구하고, 영후는 초도 물량인 1,000박스에서 800박스 정도를 팔았고, 200박스 정도를 갖고 있었다.

'1,000박스를 다 팔아도 매출이 1억 5천만 원 정도인데….'

1년에 몇 십억 원의 매출을 하던 영후는 이러한 사실을 인정할 수 없었다.

무엇이 잘못된 것일까?

무언가 잘못되고 있다는 것은 분명했지만, 영후는 무엇이 왜 잘못되었는지 알 수 없었다. 그래서 사업에서 돈을 벌었다는 친구들에게 전화를 해서 술 한 잔 하자고 하면서 그들의 얘기를 들어보기로 했다.

"사업이 잘되지 않는다고? 사업은 운대가 맞아야 해. 말하자면 제품과 출시 시기가 맞아야 한다고…. 그런데 네 제품은 시기가 다소 늦은 것이 아닌가 생각된다."

대기업에 전자부품을 납품하는 영태가 말했다.

"글쎄 나도 그렇게 생각하기는 하지만, 고객들은 제품의 질이 좋고, 효과가 있으면 구매를 하는 게 아닌가?"

영후가 친구의 말에 이의를 제기하면서, 키토화이버로 효과를 본 몇 가지 사례를 얘기했다. 하지만 친구들은 듣는 둥 마는 둥, 관심이 없는 것 같았다. 은근히 화가 난 영후는 갑자기 다른 일이 있어서 자리를 떠야 하겠다고 말하고는 단골 술집으로 가서 혼자 양주를 들이켰다.

사업을 시작한 지 약 5년 동안 영후는 세 종류의 건강기능식품을 출시했다.

첫 번째 제품인 키토화이버는 2천 박스를 판매하고는 생산을 중단했다. 방문 판매와 TV 광고 등으로 마케팅을 해 봤지만, 비용은 많이 들고 매출은 적어서, 새로운 제품을 만들어 시장을 돌파해야 한다고 생각했다.

두 번째로 영후가 출시한 제품은 '가바'라는 원료에 고분자 수용성 키토산을 혼합하여 만든 건강기능식품이었다.

가바는 감마아미노낙산(γ - aminobutyric acid)이라는, 포유류의 뇌에만 존재하는 신경계의 전달 물질로서, 심적인 안정감과 학습 능력을 높여주고, 혈압을 낮춰주는 효과가 있는 신비한 물질이었다. 일본에서 가바를 수입한 영후는 건강기능식품에 가바를 국내에서 처음으로 사용하였다. 영후는 가바와 고분자 수용성 키토산을 주원료로 사용하여 건강기능식품을 만들었고, 제품의 이름을 '가바키토산'으로 정하고 판매를 시작했다.

영후가 가바키토산을 만들었을 무렵에는 키토산 건강기능식품의 시장 매출 순위가 1위에서 5위로 떨어진 상태였다. 키토산의 시장 매출 곡선이 정점을 찍고, 하강을 하고 있는 상황이었던 것이었다. 건강기능식품 시장에서 1위를 하던 제품의 매출 비중이 하강하는 때에는 어김없이 중소업체의 여러 제품이 난립하는 시점과 맞아 떨어진다.

TV 광고 등을 통해서, 고객들은 1위를 하는 대기업의 키토산 제품에 대해서 대부분 알고 있었고, 반사적으로 TV 등에 많이 노출된 대기업의 제품을 선택하게 되는 것이었다. 하지만 뒤늦게 시장에 뛰어든 중소기업들은 값싸게 만든 제품을 1위 제품의 반값에도 못 미치는 낮은 가격으로, 밀어내기 식의 영업에 열을 올리고 있었다.

건강기능식품은 제품의 품질과 기술력이 가장 중요한 것이다. 그러나 여러 중소기업들이 과대광고를 하면서, 품질이 낮은 값싼 제품을 밀어내기 식으로 판매하기 때문에, 고객들은 키토산 제품에 대한 신뢰를 하지 못하게 되고, 마침내 키토산 건강기능식품 시장 전체에 대한 관심이 시들해지게 된다. 따라서 키토산 제품의 판매는 줄어들 수밖에 없는 것이다.

그럼에도 불구하고, 영후는 다른 중소기업과 같이 대폭적인 가격인하로 맞대응하지 않았다.

'가바키토산은 일반적인 키토산과 다르다고….

제품의 질도 우수하고, 무엇보다 효과가 높잖아?

판매를 강화한다면 점차 판매가 증가할 날이 멀지 않았어.'

영후는 스스로를 격려하면서, 마케팅을 강화해야겠다고 결심했다.

영후는 다른 중소업체와 같이 가격 경쟁에 뛰어들지 않고, 방문 판매 사원을 대대적으로 모집해서 난국을 돌파하려고 노력했다. 하지만, 방문 판매 사원들은 한두 달 나와서 판매를 하다가는 어느 날엔가는 출근을 하지 않았고, 전화로 남은 판매 수당을 정산해 달라고 하였다. 영후는 판매 사원들과 술자리도 같이 하고, 다른 방문 판매 회사보다 수당도 많이 주려고 노력했지만, 매출은 여전히 신통치 않았다.

가바키토산은 우수한 제품이었지만, 정부의 건강기능식품 정책에 따라 키토산 제품으로 분류되고 있었기 때문에 제품의 우수성을 알릴 수 없었다. 그 당시의 정책에 따르면, 건강기능식품은 '고시형'이라고 해서, 정부가 고시한 30종 정도 만을 인정했고, 키토산에 대해서는, 첫째 면역력을 높여 준다, 두 번째 항균 작용이 있다, 세 번째 콜레스테롤을 감소시켜 준다는 세 가지만 광고할 수 있었다.

영후는 가바의 효과를 추가하여 광고한다면 판매가 증가하지 않을까 생각했다.

일본의 가바 공급회사로부터 받았던, 가바의 효과와 관련한 자료들을 방문 판매에 적극 활용하도록 했고, 회사의 홈페이지에도 가바의 효과를 키토산의 효과와 같이 광고하였다.

물론 이러한 광고는 약사법을 위반한 과장 광고였고, 영후도 그것을 알고는 있었지만, 그것을 심각하게 생각할 마음의 여유가 없었다.

영후가 나름대로 가바키토산의 마케팅을 열심히 했음에도 불구하고, 가바키토산의 매출은 기대에 미치지 못하였다. 2년 동안 3천 박스 정도를 판매하였고, 매출은 약 6억 원이었다. 하지만 거듭되는 적자 운영으로 인해서, 설립한 지 4년째가 되어서는 통장에 돈이 거의 남아 있지 않았다.

영후는 기술보증기금에서 기술평가를 받고 은행을 통하여 2억 원을 대출받았으며, 기술평가를 통해서 벤처기업이 되었다. 하지만 영후는 계속되는 판매 부진을 견딜 수 없어서, 결국 가바키토산의 판매를 중단했다.

영후는 새로운 제품을 만들어 새로운 방법으로 판매해야겠다고 생각했다. 그동안의 회사 운영 방법으로는 적자가 계속될 수밖에 없다는 결론에 도달했기 때문이었다.

건강기능식품 시장에서 키토산의 인기는 점점 없어졌다. 하지만 영후는 우수한 제품의 키토산을 만들어 낮은 가격으로 판매한다면 승산이 있다고 판단했다.

마침내 영후는 그동안 배운 건강기능식품에 대한 지식을

짜내고 짜내서, 키토산 제품으로서는 최고의 효과를 가진 우수한 제품을 만들었다.

영후는 고분자의 수용성 키토산을 주원료로 해서, 가바와 이눌린을 부원료로 한 제품을 만들었고, 제품 이름을 '조은 키토산'이라고 정하였다. 이눌린은 키토산과 같은 식이섬유로서, 당뇨, 고지혈증, 신장 기능 향상에 효과가 높은 식품으로 알려져 있었다. 영후는 제품을 만들어 기존의 고객들에게 한 달분을 무료로 주기도 하고, 잡지사를 통해서 선물로 증정하기도 했다. 꾸준히 제품을 복용한 고객들은 지속적으로 제품을 구입했다. 하지만 조은키토산도 키토산이었기 때문에 대부분의 고객들은 제품을 선택하는 것을 주저했다. 질 낮은 중소 업체의 제품을 구입해서 조금 복용하다가 버려야 했던 쓰라린 기억을 가진 고객들이 많았기 때문이었다.

영후는 또 한 번 절망했다.

국내에서 최고의 좋은 품질로 키토산 제품을 만들어서, 과거에 비해 반값으로 판매했음에도 불구하고 매출은 신통치 않았기 때문이었다.

영후는 마지막 승부수를 던지기로 마음먹었다. 제품을 만들어 다단계 판매 회사에 아주 싼값에 공급하기로 한 것이었다.

다단계 판매 회사는 소비자가 동시에 제품의 판매자가 되는 마케팅 방법에 기초한 회원제 판매 회사이다. 다단계 판매 회사는 제품의 판매가에 일반적인 비용 이외에, 회원에게 주는 판매 수당과 상위 라인의 판매자에게 주는 교육 수당이 포함되어 있다. 따라서 다단계 판매 회사는 제품 공급자에게 '좋은 품질과 낮은 가격'이라는 이율배반적인 것을 요구했다.

하지만 영후는 그 당시 다단계 판매 회사 중에서 5위 정도하는 국내 토종 다단계 회사인 '주도'에 조은키토산과 같은, 좋은 품질의 제품을 낮은 가격에 납품했다. 물론 제품의 이름은 그 회사가 원하는 이름을 붙여 주었다. 영후는 다단계 회원들에게 제품 교육을 열심히 했고, 제품의 판매는 점점 늘어났다. 회원들의 입소문을 통해서 제품의 효과가 알려졌기 때문이었다.

영후는 1년 6개월 정도 주도에 제품 3만 5천 박스를 판매했지만, 마지막 달에 납품한 5천 박스의 제품 대금은 받지 못했다. 영후가 납품했던 주도가 회원들에게 약속한 수당을 지급하지 않았고, 회원들이 회장을 고소해서 회장과 임원들이 구속되었기 때문이었다.

사업, 그리고 추락

영후가 영원테크(주)를 창업한 지 벌써 6년째가 되었지만, 영후의 통장에는 돈이 거의 없었고, 은행에서 대출받은 2억 원은 한 푼도 갚지 못하고 이자만 내고 있었다. 게다가 주도에서 마지막 납품 대금을 받지 못하자 영후의 자금 사정은 급격하게 나빠졌다. 영후는 거래은행에 자금 차입을 요청해서 5천만 원을 어렵게 빌렸다. 위기를 느낀 영후는 어느 날 저녁 형님과 단 둘이서 술을 한 잔 했다.

"형님, 그동안 형님이 관리를 맡아 주셔서, 전 바깥 일만 신경을 썼는데, 주도에서 마지막 납품 대금을 받지 못하게 되어서 자금이 어렵게 되었습니다."

영후가 더듬더듬 말을 했다.

"이놈아, 그러지 않아도 다음 달부터는 회사를 그만두고 다른 일을 할까 했다. 이번 달 급여도 받지 않을 테니, 그렇게 알거라."

큰형은 웃으면서 말했다.

"사업을 하다보면 잘되는 때도 있고, 어려운 때도 있는 것 아니냐? 나는 괜찮으니, 네가 잘 버텨내서 성공해야 한다."

큰형은 말을 마치고는, 일이 있어서 먼저 간다고 말하고는 자리를 떴다.

혼자 남게 된 영후는 마음이 괴로웠다. 큰형을 내 사업에 끌어들이지 않았다면, 아마도 A은행에서 임원 정도는 했을 것이다. 큰형은 영어도 잘하고, 대인관계도 좋았기 때문에 정년인 만 58세까지는 은행에서 근무했을 것이었다.

영후는 이 모든 것이 운이 없었기 때문이라고 생각했고, 모든 것이 원망스러웠다.

다음 날 회사에 출근한 영후는 회의를 소집해서, 회사의 어려운 사정을 이야기하고는 희망퇴직을 신청하도록 했다. 영후는 희망퇴직자들에게 약간의 위로금을 주었다. 이제 영원테크㈜에 남은 직원은 관리 담당 여직원 한 명과 영업 팀장뿐이었다.

이제 키토산의 건강기능식품 시장 순위는 10위권 밖으로 떨어져 버렸다. 영후가 효과를 자랑하던 조은키토산을 찾는 고객들도 점점 그 수가 줄어들었다. 하지만 영후는 영업 활동을 강화할 엄두가 나지 않았다. 회사에 자금도 별로 없었지만, 키토산 건강기능식품 시장에 대하여 깊은 회의를 느끼고 있었기 때문이었다. 하지만 영후는 회사를 정리하고 싶은 생각은 없었다. 자신이 건강기능식품 시장에서 패배했다는 것을 결코 인정하고 싶지 않았기 때문이었다.

어느 날 아침 영후는 출근해서 신문을 읽고 있었다. 그 신문에는 '닭이나 소 등의 가축에게 항생제를 과다하게 먹여서, 그 가축의 고기가 항생제로 오염되었다'는 것이 짧게 기사화되어 있었다. 영후는 '키토산으로 천연항생제를 만들어서 가축에게 먹이면 되겠다'고 생각했다. 영후는 키토산이 인간의 면역력을 향상시켜준다는 것을 알고 있었다. 영후는 하기수 교수를 찾아가서 이 문제를 의논했고, 드디어 해답을 찾았다고 생각했다. 그리고는 변리사 사무실로 가서, '동물약품용 키토산 천연항생제'의 특허 출원을 하였다. 영후는 선행기술조사를 통해서 우선심사청구를 했고, 특허 출원 후 약 6개월 만에 특허 등록을 했다.

영후는 H경제신문사에 있는 친구에게 부탁해서, '영원테크(주)가 동물약품용 천연 항생제를 개발했다'는 신문기사를 냈다. 신문에 기사가 난 날, 영후는 한미동물약품(주)의 사장에게서 전화를 받았다.

영후는 안양에 있는 한미동물약품(주)에 방문해서, '동물약품용 천연항생제' 공급 건에 관해서 오랜 시간 상담을 했고, 노혜민 사장과 저녁식사도 같이 했다.

한미동물약품(주)는 전국에 판매망을 갖고 있는 오래된 동물약품 회사로서, 창업주인 노 회장이 사후에 딸인 노 사장에게 물려준 회사였다. 영후는 노혜민 사장이 맘에 들었다. 영후는 노 사장의 인상이 매우 좋았고, 기품도 있어 보이는 멋진 여자라고 생각했다. 또한 나이도 자신과 비슷한 것 같아서 친근감이 느껴졌다.

"참고로 저는 현재 싱글입니다만, 노 사장님은 결혼하셨죠?"

영후가 웃으며 말했다.

"이 사장님은 총각은 아니신 것 같고, 돌싱이신가요? 그럼 저한테 신경 꺼주세요. 전 아직 미혼이거든요…."

노 사장이 점잖게 거절의 멘트를 날렸다.

"이렇게 멋진 분이 아직 싱글이라니, 믿기 어려운데요…, 뭐, 제가 관심이 있다는 말은 실례가 될 것 같고, 그냥 앞으로 잘 부탁드린다는 말을 하고 싶은 거였어요."

"저도 결혼을 생각하고 있으니까, 주위에 좋은 분이 있으면 소개해 주세요."

노 사장이 재미있다는 듯이 말했다.

서로 얘기를 나누다 보니 두 사람은 심정적으로 통하는 것 같았다.

영후는 한미동물약품(주)와 동물약품용 천연 항생제 원료 공급 계약을 맺고 납품을 시작했다. 영후는 키토산을 주원료로 한 액상 키토산을 제조해서 한미동물약품(주)에 공급했다. 한미동물약품(주)는 영후가 공급한 액상 키토산에 몇 가지 원료를 첨가하여 천연 항생제로 허가를 받았고, 5L 플라스틱 통으로 축산 농가에 공급했다.

영후는 초기에 월 1천만 원 정도의 원료를 한미동물약품(주)에 공급했다. 6개월 정도가 지나서부터 한미동물약품(주)는 주문량을 2배로 늘렸고, 영후는 월 2천만 원 어치의 원료를 공급했다. 하지만 그 이후부터 한미동물약품(주)의 주문량은 늘어나지 않았다. 영후는 다른 동물약품 회사에도 영업을 하러 들어갔지만, 담당자들은 하나같이 고개를 절레절레 흔들 뿐이었다. 이미 다른 동물약품회사에서는 영후가 한미동물약품(주)에 원료를 납품하는 것을 알고 있었다. 또한 그들은 동물약품시장에서 천연 항생제가 성공하지 못할 것이라는 것을 알고 있는 듯했다. 하지만 영후는 키토산 천연 항생제라는 자신의 발명품이 시장에서 성공하지 못할 수도 있다는 것은 상상도 하지 못했다. 조금만 더 기다리면 큰돈을 벌 거라고 생각한 것이었다.

영후는 한미동물약품(주)에 1년 반 정도 납품을 하고 있었다. 오랜만에 한미동물약품(주)에 들른 영후는 영업 본부장과 잠깐 얘기를 하고는 사장실로 올라갔다.

노 사장은 영후를 보자마자 말을 했다.

"김 사장님, 그러지 않아도 전화 드리려고 했는데…, 마음이 통했나 봐요?"

"노 사장님 안 본 지가 한 달도 넘은 것 같은데, 보고 싶어서 눈병이 날 지경입니다. 그동안 별일 없으셨죠?"

영후가 웃으며 말했다.

"정말이세요? 그럼 업무 얘기는 다음에 하기로 하고, 밖에 나가서 식사하면서, 인생 얘기나 하시죠?

오늘은 거래처 사장이 아니고 친구로서 한 잔? 어떠세요?"

노 사장이 밝은 표정으로 말했다.

영후와 노 사장은 고급 일식집에서 식사와 술을 마셨다.

두 사람은 약속한 것처럼 업무에 관련된 얘기는 전혀 하지 않았고, 서로 자신의 지난날들을 이야기하면서 서로 공감하는 시간을 가졌다. 두 사람은 한 달에 한두 번 정도 만나는 사이이기는 했지만, 서로를 잘 이해하고 있었다. 특히 영후가 상대를 편안하게 해 주기도 했지만, 여자를 잘 리드했기 때문에, 노 사장은 영후를 좋아했다.

"김 사장님…, 앞으로는 자주 못 뵐 것 같아요. 섭섭해서 어쩌죠?

그동안 너무 잘해 주셨는데….”

2차로 간 레스토랑에서 노 사장이 말했다.

"뭐 전쟁이라도 나는 건가요? 못 보다니요?"

영후가 웃으면서 말했다.

"사실 저 다음 주 토요일에 결혼해요. 그리고 앞으로, 회사도 신랑 될 사람이 맡아서 하기로 했어요."

노 사장 아니, 혜민이 말했다.

"아니, 어?…, 일단 축하합니다. 하지만 그동안 전혀 내색도 없이….

너무하시는 것 아닙니까? 그리고 앞으로 같이 하고 싶은 일도 많은데…."

영후가 매우 아쉬운 듯이 말했다.

"나도 김 사장, 아니, 영후 씨에게 많이 고마워요. 그래서 오늘 선물을 드릴게요. 오늘은 영후 씨가 하자는 대로 다 할게요. 뭐든 말해 보세요."

혜민은 영후를 빤히 쳐다보면서 말했다.

혜민은 술이 꽤 취해 있었다.

"그럼, 혜민 씨, 오늘은 집에 들어가지 마시고, 나와 함께 있어요."

영후는 혜민의 결혼식에 가지 않았고 직원을 시켜서 축의금을 전달했다. 축의금은 5백만 원이었다.

혜민의 결혼식이 있었던 다음 달에, 영후는 한미동물약품(주)를 방문해서 김 본부장을 만났다.

"노 사장님이 그만두시고, 새로운 사장님이 오셨는데, 업무 보고를 받으시고는 한 말씀하셨어요."

김 본부장이 말했다.

"네? 저희 회사 일인가요?"

영후가 물었다.

"네. 그동안 시장에서 천연 항생제 제품의 판매가 저조해서 재고가 꽤 많았는데, 노 사장님 지시로 납품 물량을 줄이지는 않았어요. 그런데 새로 오신 사장님이 거래처 관리를 엉망으로 한다고, 감사를 하겠다고 하십니다."

김 본부장이 말했다.

"그래요. 그렇다면 할 수 없지요….

이제 더 이상 납품하지 않겠습니다."

영후는 잘라 말하고는 자리에서 일어났다.

영후는 1년 7개월 동안 한미동물약품(주)에 약 3억 2천만 원을 납품했다. 하지만 이제는 고정적인 수입이 없게 되었다. 영후가 창업한 지 8년이나 되었지만, 단 1년도 흑자를 내지 못했고, 대출금만 3억 원 정도 남아 있었다. 영후는 사무실을 자신의 집과 가까운 분당으로 옮겼다. 사무실은 10평 정도 되었고, 사장실이 없었다.

이사를 하고 며칠이 지났다. 영후가 한가하게 신문을 뒤적이고 있는데, 이 팀장이 영후에게 다가왔다.

"사장님, 드릴 말씀이 있는데요…."

이 팀장이 쭈뼛거리며 말했다.

"이 팀장님, 편하게 말씀하세요. 무슨 말이신데요?"

"제가 사장님과 거의 8년을 근무했는데, 큰 도움이 되지 못한 것 같아서, 죄송합니다. 그래서 생각을 해봤는데, 제 후배 한 사람을 소개해 드릴까 합니다. 홍기태라는 친구인데, 영업을 아주 잘하고, 한 때는 큰 마트를 운영하기도 했습니다. 아마 사장님의 사업에 많은 도움이 될 것 같습니다."

"아니, 이 팀장님. 제가 사람을 더 쓸 형편이 안 된다는 것은 알고 계시잖아요. 그리고 사업이 될 만한 아이템이 없어서 고민 중이거든요…."

영후가 얼굴에 곤란한 표정을 지으면서 말했다.

"제 말씀은 그 친구를 추가로 채용하라는 말이 아니고, 제가 그만둘 테니, 그 친구를 채용하시라는 겁니다. 급여를 조금 줘도 되니까, 사장님께는 도움이 될 것 같습니다."

"아니, 제가 뭐 섭섭하게 해 드린 것이 있나요? 저를 위해서 그렇게까지 하실 필요는 없는데요…."

영후가 이 팀장을 빤히 보면서 말했다.

"사장님이 힘드실 것 같아서, 제가 곰곰이 생각해 보고, 신중하게 결정해서 말씀드리는 것이니까, 그 친구를 한 번 만나보시죠. 정말 괜찮은 친구거든요…."

"참, 이 팀장님도…. 정 그러시면, 한번 만나보지요. 전화해서 오늘이라도 와 보라고 하세요."

한 시간 정도 지났을까?
깡마르고, 체격이 좋은 40대 초반쯤의 사내가 이 팀장과
함께 영후에게로 다가왔다.
"어서 오세요. 이쪽으로 앉으세요."
"홍기태라고 합니다. 영천 촌놈인데, 영업은 자신 있습니
다. 무슨 일이든 명령만 내리시면, 열심히 목표 달성을 하겠
습니다."
홍기태는 시원시원하게 말을 했다.
홍기태에게 이것저것을 물어보던 영후는 홍기태가 마음
에 들었다.
"저녁 시간이 다 되었으니, 시간이 되시면, 같이 저녁식사
나 하시죠."
영후는 이 팀장, 홍기태와 함께, 영후의 단골 참치집으로
가서 식사를 하고, 술을 마셨다. 그리고 그 술자리는 맥주
집까지 이어졌다.

다음날, 이 팀장은 출근을 하지 않았다. 이 팀장은 전화로
영후에게 작별인사를 했고, 그 자리를 홍기태가 대신하게
되었다.
영후는 홍기태를 불러서 앞으로 해야 할 일을 의논했다.

"홍 팀장님은 키토산에 대해서 공부를 하시고, 조은키토산을 팔아 보도록 하세요.

키토산을 팔기가 쉽지는 않겠지만, 최선을 다해 주세요. 모르는 것이 있으면, 언제라도 물어 보시면 됩니다."

영후가 근엄한 표정으로 말했다.

"네. 사장님, 그리고 앞으로는 말을 놓으시고, 편하게 말씀하십시오."

홍 팀장이 웃으면서 말했다.

"음…, 홍 팀장이 내 동생뻘이니까, 앞으로는 말을 놓도록 할게요.

그리고, 홍 팀장, 나를 좀 도와 줘. 이제 믿을 사람은 홍 팀장뿐이야."

영후가 간곡하게 말을 했다.

이즈음 영후는 은행권으로부터 대출금 원금 상환의 압박을 받고 있었다. 영후는 분당의 아파트를 팔아 금융권 대출금을 모두 갚았다. 그리고는 남은 돈으로, 20평 정도의 연립주택에 전세를 들어가고 나니, 수중에는 돈이 거의 남아 있지 않았다.

어느 날 어머니께서 전화를 하셨다.

"야 이놈아! 경찰이 너를 찾아왔다. 도대체 넌 무슨 짓을 하고 다니는 거냐?

오늘은 집에 들어오지 마라. 알겠냐?"

"네, 별일 아니니 염려하지 마세요."

영후가 대답했지만, 전화는 이미 끊겨 있었다.

영후는 약사법 위반 사건 때문일 거라고 생각했다.

그 날 영후는 친구와 술을 한 잔 하고는 친구 집에서 잤다.

영후는 억울했지만, 다음 날 벌금 5백만 원을 법원에 납부했다. 경쟁업체가 영후의 회사가 홈페이지에 과장 광고를 했다고 구청에 신고했고, 법원은 1천만 원의 벌금을 내라고 판결했다. 영후는 항소했고, 항소 법원은 벌금을 5백만 원으로 낮춰주었다. 영후는 대법원에 상고했지만, 대법원은 항소심과 동일하게 판결했고, 영후는 500만 원의 벌금을 납부해야 했던 것이었다.

영후는 고객에게 나쁜 짓을 한 것이 없었고, 식약청에서 인정하는 것은 아니었지만, 사실에 근거해서 광고를 한 것이었다.

그러나 졸지에 죄인이 되어 버렸으니….

정말 어이가 없었다.

홍 팀장이 나름대로 열심히 키토산 영업을 하고는 있었지만, 한번 꺾어진 키토산 건강기능식품의 판매 그래프는 좀처럼 반등할 기미를 보이지 않았다.

무엇인가 돌파구를 찾아야 하겠다는 생각에, 영후는 중국으로 수출할 수 있는 아이템을 찾아 봤다. 무역에서 중국의 파워가 커짐에 따라, 한 품목만 잘 잡아도 그동안의 부진을 만회할 수 있을 것 같았다.

그러던 중에, 영후는 삼광자동차유리(주)와 자동차 유리에 선팅하고 남은 폐 필름 수거 계약을 1년간 체결했다. 수출 마진이 높은 편은 아니었지만, 한 달에 한두 컨테이너만이라도 수출을 하면, 회사는 유지할 수 있을 것 같았다.

그렇지만 영후와 삼광자동차유리(주)와의 폐 필름 수거 계약은 1년 만에 끝이 났다. 마진이 좋은 편도 아니었는데, 삼광자동차유리(주)의 임원과 잘 안다는 어떤 회사로 수거권이 넘어가 버린 것이었다. 영후는 더 이상 고정적인 수입이 없어지게 되었다. 그리고 홍 팀장도 키토산 영업을 힘들어 하고 있었고, 조은키토산도 몇 십 박스 남아 있지 않았다.

영후는 아침에 홍 팀장과 차를 한 잔씩 마시고는, 말을 꺼냈다.

"홍 팀장, 요즘 어떤가?"

"네? 무슨 말씀이신지?"

홍기태가 영후를 빤히 보면서 물었다.

"영업 상황이 어떤가 하고 묻는 거야."

"아…, 네. 죄송합니다. 열심히는 하고 있는데, 잘되지는 않지요. 뭐….

좋은 방법이 있으시면, 말씀해 주십시오."

홍기태는 영후가 무슨 말을 할까 하는 생각을 하면서, 대답했다.

"내가 요즘에 곰곰이 생각을 해봤는데, 키토산은 끝이 난 것 같아. 자네는 영업 능력이 있는데, 괜히 되지도 않는 상품 팔려고, 내 밑에 와서 고생하는 것 같아서 안쓰러워…."

영후가 조심스럽게 말을 했다.

"사장님, 저도 사실 영업이 잘 안 돼서 고민이 많았지만, 사장님이 어떻게 생각하시는지 몰라서 그동안 아무 말도 못하고 있었습니다. 차라리 다른 제품을 영업하시는 것이 나을 것 같습니다."

홍기태가 풀 죽은 목소리로 말했다.

"기죽지 마…, 홍 팀장. 자네 잘못은 없고, 이 모든 것이 내가 잘못한 탓이야!

이번 달 말까지만 영업을 하고, 회사 문을 닫을까 하네. 미안해…."

"사장님, 제 걱정은 하지 마십시오. 저는 사장님 뜻에 따르겠습니다."

그래도, 홍기태는 애써 씩씩하게 말했다.

마지막 남은 여직원도 '죄송하다'는 말을 남기고 퇴사했고, 영후는 회사에 혼자 남게 되었다.

회사의 임차 계약기간은 약 두 달이 남아 있었다.

혼자 남겨진 영후는 그 기간 동안 매일 출근해서 인터넷을 뒤지면서 살 방법을 연구했다. 하지만 영후는 마땅한 방법을 찾을 수가 없었다.

영후는 당분간 택시 운전을 해야겠다고 생각했다.

이제 영후는 도우미가 나오는 술집에 갈 수 없었고, 영후가 좋아하는 노래방이나 나이트클럽에도 갈 수 없었다. 그와 비슷한 처지에 있는 친구들과 편의점 앞 파라솔에서 소주나 맥주를 마셨다.

신기하게도 영후가 잘 나갈 때 자주 전화를 해오던 친구들도 더 이상 전화를 하지 않았다.

의형제를 맺다

'앞으로 어떻게 살아야 할까?'

사무실도 정리하고, 폐업 신고를 한 영후는 머리가 복잡했다.

전세금을 빼서 다시 사업을 한다고 해도, 사업을 하기에는 턱없이 적은 돈이었다. 그보다도 이번에 실패하면 어머님을 포함한 우리 네 식구 모두가 길거리로 나갈 수밖에 없다고 생각하니, 다시 사업을 할 엄두가 나지 않았다. 지난날을 돌이켜 생각해보니 눈물만이 앞을 가리고, 약해지는 마음을 어떻게 추슬러야 할지 알 수 없었다.

정말로 사업을 할 돈도, 자신감도 없는 40대 중반의 한 사내가 추리닝을 입고, 컴퓨터 앞에 앉아서, 하릴없이 인터넷으로 바둑을 두고 있었다.

영후는 그 사내의 신세가 너무 처량하다고 생각했다.

'나는 그런 사내가 아니어야 한다.'

어느 날 오후, 홍 팀장이 전화를 해서, 술을 한 잔 사겠다고 했다.

영후는 홍 팀장과 몇 번 같이 간 적이 있는 빈대떡 집에서 홍 팀장과 마주 앉았다.

"오랜만이야…. 홍 팀장, 잘 지내고 있지?"

영후가 자신의 처지를 드러내고 싶지 않아서, 여유 있게 웃으며 말했다.

"네. 전 잘 지내고 있습니다. 사장님이 요즘 어떻게 지내시는지 궁금하기도 하고, 제가 오늘 돈을 좀 벌었는데, 왠지 사장님 생각이 나더라고요…."

"그래…, 고맙구먼. 자네 가족들도 있고 한데, 내 생각이 나다니….

그런데 자네 집사람은 대구에 있다고 했나?"

"네. 사실 저는 오래 전에 집사람과 이혼해서, 지금은 남남이죠. 하지만 애들 엄마가 애들 둘을 잘 교육시키고 있어서, 참 다행이죠."

"그래…, 나도 사실은 애들 엄마와 이혼한 지가 10년도 더 된 것 같은데….

자네는 큰 애가 아들인가?"

"아니요. 큰 애가 딸이고, 둘째가 아들입니다. 둘 다 중학생입니다."

주인아줌마가 막걸리와 고기빈대떡을 상에 차리면서, 영후에게 인사를 했기 때문에, 그들의 대화는 중단되었다.

분당 야탑동 일대의 술집에서는 주인들이 영후를 알아보는 일이 많았다.

"자네와 난 공통점이 많은 거 같아…. 성격도 비슷한 거 같고….

나도 이혼한 지가 오래된 돌싱이고, 애가 둘이니 말이야. 딸만 둘이지만….

그런데 자네는 왜 이혼하고, 분당까지 와서 일을 하고 있는 거지?"

"다 제 잘못 때문입니다. 애 엄마는 잘못이 없어요. 제가 잘못된 길을 가니까, 그렇게 하지 말라고 수차례 얘기했는데…. 전, 제게 바가지를 긁는다고 생각하고, 애 엄마 말을 안 들은 거죠.

쓸데없는 자존심…. 그리고 고집이 센 게 문제예요."

"오늘 마침 비도 촉촉하게 내리고, 분위기도 좋은데, 자네

살아온 얘기나 들어볼까? 괜찮겠지?"

"네. 그러죠. 사실 사장님이 요즘 힘드실 거라고 생각해서, 위로 좀 해드리려고, 전화한 거예요. 그런데 술도 한 잔하고, 비도 내리고, 사장님께 제가 살아온 얘기를 하려고 하니까, 눈물이 나려고 하네요….

사실 전 분당으로 오기 전에, 자살하려고 했는데….

결국 그렇게 하지 못하고, 이렇게…."

"알아, 알아….

나도 요즘엔, 이렇게 살아야 하나 하는 생각도 들고….

너무 얘기가 무거우니까, 다른 얘기나 하자고…."

"아닙니다. 사장님께는 제 얘기를 하고 싶었는데…, 기회가 없었어요."

홍 팀장은 자신의 잔을 비우고는, 영후의 잔에 술을 따른 뒤, 이야기를 시작했다.

영후도 홍 팀장의 잔에 술을 가득 따랐다.

"제가 사업으로 쫄딱 망해서, 고민 고민 끝에 부산 태종대로 갔어요. 그런데 자살하기가 쉽지가 않았죠. 이른 아침이라 사람들은 거의 없었는데, 바다를 내려다보니, 도저히 뛰어내릴 용기가 없는 거예요.

그래서 바다를 보고 있노라니, 지나간 옛 일들이 주마등처럼 흘러가는데, 죽어야 한다는 생각보다는 살아야 한다는 생각이 더 많이 들더라고요.

결국 너무 오랫동안 망설이다가 자살을 하지 못했어요.

그 길로 전 보현산 법룡사(法龍寺)로 갔어요. 속세를 떠나서 중이 되려고요.

보현산은 제 고향 영천과 청송군에 걸쳐 있는 산인데, 보현산 남쪽 800m 정도에 법룡사가 있어요.

절에 올라갔더니, 오후 4시쯤 되었는데, 대웅전 앞의 넓은 절터 나무 그늘 아래에서 스님 한 분과 젊은 남자가 장기를 두고 있는 거예요. 전 그 앞에서 장기판을 내려다보고 있었죠.

해가 저무는 시간이 가까워 오자, 스님이 젊은 남자에게 장기판을 거두라고 하고는, 제게 말을 하데요.

'처사님은 어쩐 일로 와 계신교?' 하는 거예요.

'스님, 이 절에서 공부를 할까 하는데, 가르침을 주십시오.'라고 예의를 갖춰서 말했죠.

그랬더니, 뭐라는 줄 아십니까?

'공부요? 난 충무상고 나와서, 그런 거 몰라요. 해지기 전에 어서 내려 가셔야 할 낀데….'라고 말하고는 법당으로 들어가 버리는 거예요.

전 한 동안 그 자리에 그대로 서 있었어요.

정말 막막하더라고요…."

"자넨 K대학 체육학과 나왔다고 하지 않았나? 그리고 이 팀장이 자네 집안이 좋다고 얘기했었던 거 같은데….."

얘기를 듣고 있던 영후가 홍 팀장에게 술을 권하며, 물었다.

"졸업은 못했고, 중퇴했어요. 아마 졸업을 했으면, 중학교에서 체육 선생을 하고 있었을 겁니다.

제 부친은 대구에 있는 중학교의 교장 선생님이셨어요. 지금은 정년을 채우고 연금으로 생활하고 계신데, 40년 가깝게 교단에 계셨으니까, 연금 액수가 적지 않죠.

어머님은 전형적인 경상도 분이예요. 성격이 시원시원하지만 애교가 없고, 화가 나면 말이 거친 거…, 아시죠?

그래도 너무 좋은 분이셨어요.

그리고 제 위로 누나가 셋이나 있는데, 누나들은 공부도 잘하고 인물도 좋아서, 시집도 잘 갔고, 모두 잘 살고 있어요. 사실 전 운동은 좋아하는데, 머리는 별로 좋지 않거든요. 어딘가 식구들과 다른 데가 많았어요.

그런데 초등학교 5학년이 되어서야, 그 이유를 알게 되었어요. 제가 업둥이였던 거예요.

전 친구들에게 시비를 걸거나, 싸움을 하거나 했고, 가끔은 학교에 가지 않고 산과 들을 방황하기도 했어요. 공부에는 관심이 없었어요. 전 공부보다는 태권도가 더 맞는 것 같았죠.

사실 K대학 체육교육과에 들어간 것도 부모님 덕이에요. 사장님도 아시겠지만, K대학이 지방의 명문대잖아요. 제 실력으로는 가기 어려웠죠.

고등학교 2학년 때 아버지께서 부르시더니, K대학 사범대에 들어가라고 하시면서, 그렇게 안하겠다면, 집을 나가든지 어디를 가든지 맘대로 하라고 하시는 거예요.

상관하지 않겠다고….

어린 마음에 전 아버지가 친부가 아니어서 섭섭하게 말씀하신다고 생각했어요. 실력도 안 되는 아들한테 너무 가혹하게 말한다고 생각한 거죠.

그래도 결국 K대학 체육교육과에 들어갔어요.

어머니께서 제게 10만 원을 주시고는, K대에 합격하면, 더 많이 줄 테니, 열심히 하라는 거예요."

"그러면 대학교 졸업하고, 체육 선생님이 되면 좋았을 거 같은데, 왜 졸업을 못하게 된 거지? 돈이 없지도 않았을 텐데….

난 선생님 중에는 체육 선생님이 제일 좋은 거 같더라."

이야기를 듣고 있던 영후가 물었다.

"아…, 그거요? 사람은 다 자기 팔자가 있는 거 같아요. 만약 제가 중학교 체육 선생님이 되었다면, 지금처럼 고생스럽고, 외롭지는 않았겠죠.

사실 제가 대학 다닐 때, 저도 중퇴를 하게 되리라고는 생각하지 못했어요.

그런데 3학년 겨울방학에 별명이 '굴비'라는 친구가 아르바이트를 해서 여행을 가자고 하는 거예요. 그래서 친구랑 같이, 동해수산이라는 회사에서 알바를 했죠.

동해수산은 건어물을 소포장해서 전국의 마트에 공급하는 일을 하는 회사였는데, 그 당시만 해도 대구, 경북지역의 마트에는 건어물을 소포장으로 공급하는 회사가 동해수산 뿐이었죠. 동해수산이 돈을 긁고 있더라고요….

전 그 당시 1종 운전면허가 있었고, 운전도 할 줄 알았기 때문에 굴비를 조수로 삼아 건어물을 마트에 공급하는 일을 했어요. 방학 두 달간 일했는데, 사장님이 월급도 넉넉하게 주셨고, 참 잘해 주셨어요.

개강을 해서 친구는 학교로 돌아갔는데, 전 학교로 돌아가지 않았어요. 동해수산 사장님이 일손이 달린다고, 1년만 휴학하고, 계속 같이 일하자고 하시는 거예요.

어머니께 말씀드렸지만, 어머니는 허락하지 않으셨고, 전 1년만 이 일을 하겠다고 생각하곤 집을 나와서, 원룸에서 기거하면서, 동해수산에 다녔죠.

어머니가 펄펄 뛰셨지만, 전 제가 하고 싶은 대로 하지 않으면, 못 견디는 성미라서….

이놈의 성질 때문에, 어머님이 마음고생 많이 하셨어요.

재작년에 어머님이 돌아가셨는데, 전 임종도 지켜드리지 못
했어요. 전 정말 죽일 놈입니다."

말을 마친 홍 팀장이 화장실에 간다고 일어섰다.

영후는 홍 팀장이 화장실에 갔을 때, 먼저 술값을 계산
했다.

화장실에서 나오다가 영후와 마주친 홍 팀장이 말했다.

"사장님, 정말 이러시면, 다시는 술 안 마실 겁니다.
2차는 제가 살 테니 나가시죠."

홍 팀장이 술이 취해서 비틀거리며 앞장섰다.

근처의 호프집에 들어간 두 사람은 500cc 두 잔을 시키고
는, 서로 말이 없었다.

어색한 분위기를 깬 건 영후였다.

"아까 1차에서 한 얘기의 연장인데, 그러니까 자네는 대
학교 3학년 마치고, 휴학했는데, 이때까지 대학으로 돌아가
지 못했다는 얘기지?"

"네. 말하자면 최종학력이 고졸인 거죠. 대학을 졸업하지
못했으니까⋯."

"대학을 휴학하고 일할 만큼, 마트 납품하는 일이 재미있
었나봐."

"지나고 보니까, 마트 납품이 적성에 맞았다기보다는, 건
어물 소포장 사업이 별 게 아닌데, 돈이 되는 걸 보니, 나라

고 못할 게 없다는 생각이 들었던 거죠."

"동해수산에서 3년간 일하면서, 뭐를 하면 돈이 될까 하고 연구 많이 했습니다.

그러다가 도시락 김 공장을 하게 되고, 제가 인수한 김 공장 사장님 딸하고 결혼하게 된 거예요."

"도시락 김이라…, 그걸 자네가 처음 만든 거야? 그렇다면 돈 냄새를 제대로 맡은 것 같은데….

그 얘기를 자세히 좀 해봐."

영후가 눈을 반짝이며, 말했다.

"동해수산에서 3년 정도 납품을 하고 있을 땐데요, 제가 평소에 잘 지내는 마트 직원이 경주 안강읍에 괜찮은 김 공장이 하나 매물로 나온 것이 있는데, 돈이 있으면, 자기가 하고 싶다는 거예요. 그래서 한 잔 살 테니, 어딘지 가르쳐 달라고 졸랐죠. 술 한 잔 크게 사기로 하고, 위치를 알아내고는 경주 납품갈 때, 다짜고짜 공장으로 찾아갔죠.

김 공장 사장님은 나이가 60세 정도 돼 보이는 어르신이었는데, 머리가 벗겨지고, 배가 나왔지만 사람이 좋아 보였어요. 느낌이 오더라고요….

처음에는 안 팔겠다고 하는 거예요. 그래서 2주에 한 번 꼴로 음료수나 과일을 들고 찾아가서, 이 얘기, 저 얘기하면서, 사장님 마음을 돌리려고 노력 많이 했어요. 결국 3개월 조금 지나서, 사장님이 제게 전화를 해서 오라고 하더라고요….

그리고는 하시는 말씀이 제게 공장을 팔지 않고, 임대를 줄 테니 할 생각이 있냐고 묻더라고요. 시설과 직원을 모두 인수해 주는 대신 임대료는 저렴하게 해 주겠다는 거예요.

전 너무 기뻤죠. 제가 원하는 것을 사장님이 그대로 얘기하시잖아요.

그래서 김 공장을 하게 된 겁니다."

"김 공장에서 도시락 김을 판매했으면, 돈을 많이 벌었을 것 같은데, 그 돈을 어떻게 하다가 다 잃어버리게 된 건가?"

영후가 재미있다는 듯이 빙그레 웃으며 물었다.

"아이고, 그 얘기하려면 깁니다. 하지만 말이 나왔으니, 돈 번 얘기도 하고, 돈 잃은 얘기도 해야지요.

이전에는 김이 50장, 100장 등 묶음으로 되어 있어서 소량을 사기 어려웠어요. 하지만 도시락 김은 소량 구입이 가능하고, 김을 굽거나 자를 필요가 없었고, 보관, 휴대 등의 면에서 편리했기 때문에, 도시락 김을 비싸지 않은 가격으로, 적당한 패키지를 구성하여 유통한다면 승산이 있다고 생각했어요.

전, 도시락 김의 시제품을 만들어서, 대구, 경북의 마트에 진열 판매하면서, 마트의 건어물 코너 앞에 도시락 김을 개

봉해서 손님들이 자유롭게 시식하도록 했어요.

그랬더니, 대구, 경북 지역에서 도시락 김의 인지도가 조금씩 올라가더라고요.

그러던 중에, 한길수산이라는 유통업체가 수도권 전 지역의 유통을 하겠다고 해서, 한길수산에게 도시락 김의 서울 및 수도권의 유통권을 주었죠. 도시락 김의 유통을 시작하고 2년 정도 되는 해부터는 판매량이 큰 폭으로 늘어나더라고요.

그 때가 좋았어요….

그런데 도시락 김이 잘 팔리기 시작하자 너도 나도 도시락 김을 만드는 거예요. 특히 이름을 들으면 알 만한 대기업들도 도시락 김 시장에 뛰어들었죠. 대기업이 도시락 김 시장에 뛰어들자, 시장은 커졌지만, 시장이 대기업 위주로 재편되면서, 제 시장 점유율은 점점 줄어들더라고요.

전 억울했죠.

하지만 그 당시 전 특허나 실용신안을 등록하는 것도 몰랐고, '갓 구운 도시락 김'이라는 상표로 팔기는 했지만, 상표 등록을 해야 하는지도 몰랐어요.

그래서 이 사태를 만회하기 위하여 여러 가지 사업을 구상하다가 시작한 사업이 마트예요."

기태는 500cc 한 잔을 다 비우고는, 말을 이어갔다.

"제가 마트의 생리는 잘 알잖아요. 그래서 마트 사업으로 돈을 벌 수 있다고 생각했어요. 경주 시내 구석구석을 돌아 다니다가, 결국 경주 시내에서 조금 떨어져 있는 주거지역 에 마트를 계약했어요. 건물 1층이 약 200평이었고, 위층에 사무실도 있었어요. 그동안 알고 지냈던 거래처와 대기업에 연락해서 제품을 공급하라고 했고, 과일, 야채, 수산물은 도매시장에서 구입하여 판매했죠.

마트 이름이 '고객님 마트'였어요. 개업 2주 전부터 전단 지 광고를 계속했고, 개업일부터 일주일간은 선착순으로 무 료 상품을 뿌렸죠. 개업 날 아침부터 마트 앞에 고객들로 장사진을 이루었고, 경찰들이 출동했어요.

개업 첫날의 매출은 5천만 원이 넘었어요. 첫 달에만 7억 원 정도 매출을 올렸고, 이후에도 월 평균 3~4억 원의 매출 을 올렸어요.

두 번째 매장은 제 고향인 영천 시내에서 조금 떨어진 주 거지와 상업 지구를 겸하고 있는 곳에 있는 작은 마트를 인 수했어요. 매장 규모는 약 150평 정도였는데, 경주에 비해 서는 매출이 저조한 편이었죠.

두 번째 매장에서의 부진을 만회해 보려고, 세 번째 매장 을 경산시 하양읍에 냈어요. 고객님 마트 3호점이었죠.

2호점보다는 입지 선택도 좋고, 대로변에 위치하고 있어 서 통행하는 사람들도 많았어요. 매장 면적도 250평 정도 되었고요.

3호점 개업 첫날 매출은 8천만 원에 육박했고, 첫 달에만 9억 원이 넘는 매출을 올렸어요. 월 평균 5억 원 정도의 매출을 유지하고 있었죠. 3호점이 장사는 제일 잘되었어요.”

“야! 도시락 김으로 벌고, 마트 3개 내서, 또 벌고, 그럼 도대체 얼마나 번 거야?”

영후가 놀랍다는 듯이 물었다.

“제가 8년 정도 김 공장을 경영하면서, 마트 사업을 했는데, 도시락 김만으로 한 해 40억 원 넘게 매출을 올리기도 했어요. 마트 3개 운영할 때는 연간 매출이 150억 원 정도 되었을 거예요. 이익도 많을 때는 한 해에 20억 원 정도 되었었죠.

그런데 마지막 2년 정도 만에 그동안 벌었던 것 다 까먹고 빈털터리가 되었어요.

왜 줄 아세요?”

“글쎄, 난 잘 모르지. 난 그 정도 벌어본 적이 없었잖아. 내가 그 정도 벌었다면, 잘 좀 챙길 수 있었을까?

하여튼 자네 대단한데….

그 정도 매출하는 것 자체가 쉬운 일이 아니잖아?”

“지금 생각하면, 저도 제가 왜 그랬을까 하는 생각이 들어요.

마트를 인수할 때, 은행에서 대출을 받아서 하니까, 장사가 안 되기 시작하면, 방법이 없어요. 그리고 장사가 좀 되면, 어김없이 대기업이나 중견기업의 매장이 치고 들어오는데, 정말 죽을 지경이더라고요….”

“그러니까, 대기업이나 큰 유통회사에 밀려서, 장사하기가 어렵다는 거로군.”

“그렇죠. 제가 경영을 방만하게 하고, 능력을 넘어서 마트를 확장한 것도 이유가 되지만, 결국은 저보다 크고, 자본이 많은 유통회사와 전쟁을 해야 하니까, 이기기가 힘들었던 것 같아요.

큰 유통회사는 자본을 앞세워서, 더 크고 쾌적한 점포를 개점하면서, 제 고객들을 다 빼앗아 가는 거죠. 하지만 전 그들을 상대할 만한 조직이나 돈이 없었죠.”

“그러니까 말이야…, 그 놈의 대기업이 문젠 거야.

틈만 있으면, 자본력으로 밀고 들어오니까, 우리 같이 작은 기업은 죽을 수밖에 없는 거지. 정부는 뭐 하는지 몰라. 중소기업을 보호해야 할 의무가 있는 거잖아….

에이, 억울하면 돈을 벌어야지. 안 그런가?”

“네. 맞습니다. 사장님.

그래서 제가 불법으로 돈을 번 일이 있는데, 한번 들어보실래요?”

“그래? 알았어. 500cc 한 잔씩 쭉 들이켜고….”

"제가 고객을 끌어들일 수 있는 좋은 방법이 없을까 하고 고민하다가, 덤핑으로 나오는 공산품을 싼값에 구입해서 고객에게 싸게 팔아야겠다고 생각했어요.

대구와 서울의 덤핑 시장을 조사해서 덤핑 물건을 취급하는 업체 사장들을 만났고, 그들과 필요한 제품을 흥정했어요. 좋은 물건이 있으면, 가방에 현금을 넣고 창고로 가서 덤핑 물건을 구입해서 트럭에 싣고 왔죠.

그러던 어느 날, 제가 잘 아는 마트 사장의 소개로 소주를 덤핑으로 거래하기로 했어요. 사장님도 아시다시피, 술에는 세금이 많이 포함되어 있잖아요. 그리고 허가받지 않은 주류 거래는 불법이라 국세청의 감시도 심했죠. 또 덤핑으로 사온 술을 처리하는 것도 문젠데, 유통을 하려면 지역의 건달들과 엮이는 일이 많아요.

그렇지만 돈을 벌어 보겠다고, 가방에 현금을 가득 넣고 서울로 갔어요. 이 일을 소개한 민 사장과 같이 갔죠. 서울역에 도착해서, 마중 나온 사람들에게 돈을 전달했더니, 저와 민 사장을 어느 요정으로 안내하는 거예요. 요정에서 어여쁜 아가씨들과 함께, 식사와 술을 먹었고, 각자의 방으로 갔어요. 밤 10시 경에 요정을 나와서, 11톤 트럭 두 대에 소주를 가득 싣고 대구로 내려 왔죠."

"와…, 요정까지 가고…. 불법 주류 거래를 꽤 조직적으로 하는 것 같은데….

그래서 소주는 다 처분했나? 건달들한테 혼난 건 아니고?"

영후가 부럽다는 듯이 입맛을 다시며 말했다.

"11톤 트럭 한 대 분량의 소주를 제 마트에서만 처리할
수가 없었죠. 그래서 영천 사는 삼촌에게 도움을 청해서, 겨
우 해결 했어요. 삼촌이 그 방면에 힘 좀 쓰시는 분이거든요.

삼촌이 다시는 이런 짓 하지 말라고 하시기도 했지만, 차
떼고, 포 떼고, 결국 크게 남지는 않더라고요. 그리고 계속
하다가는 칼 맞을 것 같아서, 더 이상은 하지 않았어요."

"이런 얘기 자꾸 하게 해서 미안한데, 궁금해서….

자네 마트 근처에 큰 유통회사가 자리를 잡으니까, 사업
이 어려워졌다고 했잖아? 그렇지만 그런 조짐이 보일 때, 과
감하게 그만둬서 조금이라도 챙길 수는 있지 않았을까?"

영후가 조심스럽게 물었다.

"물론 그랬으면 좋았겠죠? 하지만 제가 상황 판단을 잘
못했고, 다른 일에 신경을 쓰다 보니, 타이밍을 놓치게 된
거예요.

사장님도 아시다시피 사업이란 게 타이밍이고 운이잖아요?"

"그래. 나도 상황 판단 잘하고, 시기를 잘 맞췄다면, 이
모양이 되지는 않았겠지.

자. 이제 지나간 일은 잊어버리고, 어떻게든 살 길을 만들
어 보자고….

요즘 자네는 뭐하고 있나?”

“요즘에는 발효 건강음료, 청국장, 건강기능식품 등을 닥치는 대로 유통하고 있어요.

식품 쪽 일을 이것저것 해 봤지만, 발효 식품이 저한테 맞는 것 같아요.

아직은 매출이 많지는 않지만, 열심히 하고 있습니다.”

“그래. 자네는 유통을 잘 아니까, 언젠가는 한몫 잡을 수 있을 거야.

나도 이것저것 무역 일을 해 보지만, 잘되지가 않아서, 택시 일이라도 할까 하고 생각 중이네….

아마 자네는 내가 어떤 사람인지 대강은 알거야. 전에 내가 대충 얘기한 거 같은데….

그런데 지금까지 자네 얘기를 들어보니, 자네도 나만큼 굴곡이 많은 거 같아….

정말 우연이지만 우리 두 사람이 닮은 점이 많아.”

“네. 사장님, 제가 형도 없고, 이곳에서 의지할 사람도 없습니다. 사장님을 만난 건 제게 행운인 거 같아요.

그래서 이 시간 이후부터, 사장님을 형님으로 모시고 싶은데, 허락해 주십시오.”

말을 마친 홍 팀장은 바닥에 무릎을 꿇고 앉아서, 영후를 올려다보았다.

“어, 어…, 이러면 안 되지. 허락할 테니 얼른 일어나!”

"네. 형님, 감사합니다. 제가 정말 잘할게요!"

"앞으로 내가 네 형이 되고, 네가 내 동생이 되었으니까, 우리 두 사람이 서로 힘을 합쳐서, 지금의 어려움을 물리치고, 성공하자고….

자, 건배!"

제2부

마케팅을 이해하다

대가 없는 돈

설렁탕을 한 그릇 비우고 나서, 한적한 길가에 택시를 세운 영후는 의자를 젖히고, 눈을 감았다. 봄날의 오후는 피로를 몰고 오는 것 같았다. 오늘은 새벽부터 손님이 많아서 쉴 틈이 없었고, 점심식사를 하고 나니, 몰려오는 졸음을 참을 수가 없었다.

휴대폰의 벨 소리가 영후의 단잠을 깨웠다.

"형님, 통화 괜찮으십니까?"

"그래. 기태구나. 식사하고, 잠깐 쉬는 중이었다. 괜찮으니까, 말해봐. 좋은 일이라도 있냐?"

"저도 좀 놀랐는데요, 정부에서 창업을 하면, 5천만 원을 그냥 준다고 하는데요….

형님도 택시 그만하시고, 이참에 다시 사업을 하시면 좋지 않을까요?"

"정말 5천만 원을 그냥 주는 것이 맞니?"

"정말이라니까요, 제가 오늘 창업진흥원이라는 곳에서 공
고가 난 것을 보고 말씀드리는 거니까, 틀림없습니다. 대신
10%는 현금으로 내야 한다고는 하더라고요."

"그래…? 그러면 이따 6시에 야탑동 아귀찜 집으로 와라.
올 때 대책 좀 생각해 가지고 와야 해. 이따 봐!"

아귀찜 한 접시와 소주 두 병을 시킨 영후는 기태가 가지
고 온 공고문을 읽어 내려갔다.

"그러니까 창업아이템을 사업화해서 창업하는 사람에게
5천만 원을 지원하겠다는 얘기네…."

"네. 사업이 될 만한 아이템이 있으면, 시제품을 만들고,
마케팅을 하는 데 들어가는 돈을 지원해 준다는 거죠. 저는
하나 생각해 둔 아이템이 있는데, 형님도 좋은 아이템을 하
나 정하셔야 할 것 같습니다."

"사업 아이템이라…? 막상 돈을 준다고 해도, 적당한 아
이템이 얼른 생각나지 않는데…."

"형님은 그동안 사업하시면서, 여러 아이템을 해 보셨으
니까, 조금만 생각해 보시면, 좋은 아이템이 생각나실 것도
같은데요…."

"키토산은 내가 잘 알지만, 한물갔고…, 아무래도 건강기

능식품이나 의료기기 분야는 내가 조금 아니까, 그 쪽 분야에서 하나 건져야겠는데….

음… 하여튼 머리 좀 아프게 생겼다.

그런데 신청 마감일이 3주 정도는 남았잖아?"

"네, 그리고 저는 서울에 있는 D대학교에 신청하려고 하는데, 형님도 D대학교에 신청하시는 게 어떠세요?"

"D대학? 뭐 나는 상관없지만, 시내에 있고, 교통이 좋아서 신청자가 몰리지는 않을까?"

"아이, 형님도, 뭘 쫄고 그러세요. 이 사업이 작년에 처음 생겨서, 모르는 사람이 많아요.

아이템만 좋으면, 될 수 있을 거예요."

"쫀 게 아니라, 요즘 택시만 몰다보니, 감각이 무뎌져서 그러지…, 그런데 네 아이템은 뭔데?"

"제 아이템은 신 발명품인데요. 혹시 발효용기라고 들어보셨어요?"

"발효용기? 알지. 그런 통은 이미 시장에 나와 있는 거 아닌가?"

"그런 거와는 차원이 다른 통입니다. 발효주 만들 때, 과일이나 오가피나 그런 것 넣고, 설탕 넣고, 소주를 붓잖아요? 하지만 제가 만들려는 통에는 소주를 넣을 필요가 없어요. 소주 안 부어도 술이 된다니까요. 그러니까 소주를 붓지 않고 천연 발효주를 만드는 통이 제 아이템입니다. 그리고 발효주를 만든 후에, 3~4일 저어주면, 술이 식초로 변해요. 신기하죠?"

"난 뭔 말인지 모르겠지만, 그렇게만 된다면 괜찮을 거 같은데…."

"문제는 사업계획서를 적어서 제출해야 하는데, 사실 제가 가방 줄이 짧으니까 형님이 좀 도와주셔야 할 것 같은데…."

"야, 나도 사업계획서를 많이 써 보지 않아서 자신은 없어. 하지만 좀 알아보면 방법이 생기지 않겠어? 어쨌든 네가 좋은 정보를 줬으니까, 오늘 술값은 내가 낼게 맘껏 마셔."

영후와 기태는 오랜만에 즐거운 분위기에서 술을 마셨다.

휴대폰이 요란한 소리를 내며 영후를 깨우는 통에, 영후는 잠에서 깨어났다. 새벽 4시에 교대를 해서 곤히 자고 있었던 영후는 비몽사몽간에 전화를 받았다. 오전 9시가 조금 지난 시간이었다.

"형님, 저, 기탭니다. 주무시는데, 죄송합니다. 좀 급해서요…."

"왜…, 왜 그러는데?"

"오늘 오후 2시에 D대학교에서 창업아이템 사업화 지원 설명회와 사업계획서 작성법 멘토링이 있다고 하는데, 같이 가보시죠…."

"그래…? 가야지.

택시를 끌고 가기는 뭐 하니까, 1시에 야탑역에서 만나서 버스타고 가자고…."

영후와 기태가 설명회 장소인 D대학교 산학협력관 303호에 도착했을 때에는 아직 설명회가 시작되기 20분 전이었다. 하지만 어림잡아도 50명이 넘는 인원이 이미 강의실을 가득 메우고 있었다.

불안해진 영후가 기태에게 물었다.

"이번에 D대학교에서 몇 명 뽑는다고 했지?"

"25명 전후로 뽑는다고 하니까, 4~5대 일은 되지 않을까요?"

"사업계획서를 잘 써야 할 텐데…, 빡세겠는 걸…."

"설명회가 끝나고, 사업계획서를 멘토링해 주시는 분을 끝까지 물고 늘어지면, 뭔가 얻어갈 수 있지 않을까요? 경험상, 끈질기게 물고 늘어지면 뭔가 걸리게 되거든요."

한 시간 정도 순서를 기다리던 영후가 사업계획서 작성법에 대한 멘토링을 받기 위해서 302호로 들어갔다. 강의실에는 여섯 분의 멘토가 일대일 멘토링을 하고 있었다.

영후는 멘토링이 끝난 곳을 찾아가서 자리에 앉았다.

"아이템이 '가시광선 LED 융합기술을 이용한 구강 살균기 개발'이군요? 사업계획서는 써 가지고 오셨나요?"

머리가 크고, 사람 좋아 보이는 멘토가 안경 너머로 영후를 보면서 말했다.

"죄송합니다만, 사업계획서가 아직 준비되지 않았는데, 교수님께서 좀 도와주시면 안 될까요?"

"그래요? 제가 비슷한 아이템의 사업계획서 샘플을 보내드릴 테니까. 그걸 참고하셔서 사업계획서를 작성하시고, 작성한 사업계획서를 제게 이메일로 보내 주시면, 한번 수정을 해 드리겠습니다."

"아이고, 교수님 감사합니다. 그런데 컨설팅 비용을 지불해야 하는 건가요?"

"네? 그건 아니고요. 사업 아이템이 괜찮은데, 사업계획서 작성을 어려워하시는 것 같아서, 그냥 도와드리는 겁니다."

"정말 감사합니다. 혹시 약주 좋아하시면, 제가 대접할 수 있는 기회를 주십시오."

"뇌물은 안 되고요, 본인의 아이템을 고객이 사게 하기 위해서 제품을 어떻게 만들고, 어떻게 마케팅을 할 것인지를 분명하고, 간략하게 쓰시면 됩니다. 특히 이 제품의 경우에는 의료기기이니까, 고객의 신뢰를 얻기 위해서 필요한 증거를 제시해야 할 것 같습니다."

"네…, 이해가 될 것 같습니다. 혹시 사업계획서를 작성하다가 모르는 것이 있으면, 전화 드려도 되겠습니까?"

"그러세요. 가르치는 것이 제 일이니까, 크게 부담 갖지는 마세요."

"감사합니다. 교수님!"

멘토링을 마치고 돌아서는 순간에, 영후는 정신을 잃을 뻔했다. 멘토링을 받기 위해 자신의 뒤에서 기다리고 있던 여성이 영후를 보고 웃는 것 같았기 때문이었다.

'정말 내 스타일인데….'

영후가 멈칫거리는 순간에, 그 여성은 자신이 앉았던 자리에 앉아 있었다.

302호의 문을 열고, 복도로 나온 영후는 싱글거리고 있는 기태를 보자, 정신이 약간 들었다.

"형님, 어디 불편하세요? 괜찮으십니까?"

기태가 걱정스럽다는 듯이 물었다.

"으응…, 몸은 괜찮은데, 마음을 도둑맞은 것 같다."

"갑자기 무슨 말씀이세요? 얼른 분당으로 가서, 같이 대책을 세워야지요."

"아니…, 여기서 잠깐 기다려보자."

"누굴 말인데요? 또 병이 도지신 거 아닙니까? 큰일인데요! 거사를 앞에 두고, 엉뚱한 여자 생각하시면, 일이 잘 안되는 수가 있는데요…."

"기다렸다가 통성명이라도 하고 가야지, 이대로 헤어지

면, 영영 끝일 수도 있다고….

조금만 기다려 보자."

영후가 애원조로 말을 하니까, 기태도 더 이상 보챌 수가 없었다.

30대 초중반 정도 돼 보이는, 세련되고 늘씬한 여자가 302호 문을 열고 나오자, 영후는 그녀에게로 다가갔다.

"지금 멘토링 받고 나오시는 거죠? 그런데 전에 어디서 많이 뵌 분 같아서, 염치 불구하고 기다리고 있었습니다. 저는 김영후라고 합니다."

영후는 말을 마치고는 자신의 명함을 내밀었다. 물론 이 명함에는 작년에 자신이 폐업한 회사인 '영원테크(주) 대표이사 김영후'로 소개되어 있었다.

"네? 죄송한데요, 저는 선생님을 처음 뵙는 것 같은데요, 아까 302호에서 잠깐 스친 것 외에는…."

"그럼 혹시 분당에 사시나요? 저는 야탑동에 사는데요."

"어머, 어떻게…? 저는 분당 수내동에 살아요. 하지만 전 선생님을 뵌 기억이 전혀 없는데요."

"너무 미인이셔서, 한번 보고, 머릿속에 인상이 남아 있었던 것 같습니다.

죄송합니다. 실례가 안 되시면, 차라도 한 잔 하시겠어요?"

"아니요. 제가 약속이 있어서, 다음에 기회가 되면 하기로 하죠."

말을 마친 그녀는 영후에게 가볍게 목례를 하고는, 계단을 걸어 내려가서, 건물 앞에 세워져 있는 외제 승용차를 타고 시동을 걸었다.

"미모도 출중하고, 돈도 많은 모양인데요…."

옆에서 지켜보고 있었던 기태가 싱글거리며 말했다.

열흘 정도 걸려서, 사업계획서 초안을 만든 영후는 멘토링을 해 주셨던 박성철 교수님께 이메일을 보냈다. 이메일을 보낸 지 2시간 정도 지나서, 박 교수의 이메일을 확인한 영후는 박 교수님에게 전화를 걸었다.

"교수님, 정말 감사합니다. 수정해 주신 내용을 토대로, 사업계획서를 보완해서 제출하겠습니다."

"아…, 네. 기술성을 증명할 수 있는 데이터가 없는 것 같아서, 제가 관련된 논문을 보내드렸으니까, 그 논문 중에 나와 있는 실험 데이터를 사업계획서에 반영하시고, 시제품이 제작되면, 그 시제품으로 시험을 해서, 신뢰성 있는 데이터를 내겠다고 하십시오. 이번에 꼭 합격하시기를 바랍니다."

"교수님! 전 교수님처럼 이렇게 친절하고, 적극적으로 지도를 해 주시는 분이 계시다는 것이 놀라울 따름입니다. 정말로 합격 여부를 떠나서, 제가 교수님을 한번 모시고 싶습니다."

"칭찬을 해 주시니 감사합니다. 그리고 다음에 기회가 되면 한 잔 하도록 하시죠. 저도 술을 좋아하는 편이거든요….”

신청 마감일로부터 일주일 정도 지난 금요일 오후에, 영후는 D대학교로부터 1차 서류심사에 합격했다는 문자 메시지를 받았고, 이메일을 통해서 2차 발표평가에 대한 안내를 받았다.

영후는 기태에게 전화를 했다.

“기태야, 너도 1차는 합격했지?”

“네, 형님, 저도 합격했습니다. 이제 발표평가를 위해서 파워포인트 자료를 만들고, 발표 연습을 해야 하는데, 제가 파워포인트를 잘 만들지 못해서 걱정입니다.”

“야! 사돈 남 말 하냐? 발표평가까지는 아직 여유가 있으니까, 방법을 찾으면 되지. 오늘은 내가 1차 합격 축하주를 살 테니, 빈대떡 집으로 와라.”

빈대떡 집에서 만난 두 사람의 화제는 1차 합격 축하와 2차 발표평가 준비에서, 설명회 때 영후가 말을 걸었던 그녀에게로 넘어갔다.

“아…, 그런데 전에 형님이 말 걸었던 여자 분 있잖아요?
키도 170 정도 돼 보이고, 얼굴 잘생기고, 늘씬하고, 외제차에…, 죽이던데요.
어떻게 잘 좀 해 보세요.”

기태가 부럽다는 듯이 말했다.

"야! 나라고 뭐 그 여자 분보다 못할 거 같으냐?

나도 K자동차 다닐 때, K자동차 3대 미남 소리 듣고 다녔다고….

뭐…, 사람 우습게보지 마라…"

"아니 그게 아니고, 형님하고 잘 어울릴 거 같아서 하는 소리죠.

진심으로 두 분이 잘되셨으면 좋겠습니다."

"근데 그 여자 분, 결혼은 했겠지?

유부녀면 곤란한데…."

"제가 보기엔 유부녀일 거 같아요. 30대 중반은 돼 보이던데, 아직까지 결혼을 안했을 리가 없잖아요. 뭐, 빠지는 게 없는 분 같던데…."

"야! 고춧가루 뿌리지 말고, 그 분이 1차에 합격했는지 좀 알아봐."

"아이고, 형님, 이름도 모르는데, 어떻게 알아봅니까?"

영후는 기태와 함께 발표 평가를 하는 D대학교 산학협력관 604호 대기실로 갔다. 대기실에는 이미 두 사람이 발표 평가를 기다리고 있었다.

발표 평가는 모두 3개 분과로 나누어서 실시되는데, 기태와 영후는 화학, 식품, 보건, 의료 분과였고, 기태가 2시, 영후가 4시에 사업계획서를 발표하기로 예정되어 있었다.

1시 반 경에 도착해서 커피를 한 잔씩 마신 두 사람은 준비한 발표 자료를 보면서, 눈으로 마지막 프레젠테이션 연습에 열중하고 있었다.

기태가 먼저 발표장으로 들어갔다.

영후는 프레젠테이션 자료를 보면서, 연신 주위를 살피고 있었다.

30분이 조금 지나서, 기태가 대기실로 돌아왔다.

"발표 잘했냐? 될 것 같아?"

"아이, 형님. 제가 그걸 어떻게 알겠습니까? 하지만 질문에 대한 대답은 잘한 것 같습니다.

뭐…, 잘되겠죠."

"내 생각에도 너는 잘될 것 같은데, 내가 문제지.

너만 되고, 나는 안되면 어쩌지? 형제가 용감하게 같이 붙어야 하는데…."

영후가 불안한지, 연신 주위를 살피면서 심각한 표정을 지었다.

"형님도 준비 열심히 하셨으니까, 잘될 거예요.

마음을 가라앉히시고, 느긋하게 하세요. 느긋하고, 능글능글하신 게 형님의 특기시잖아요?"

"뭐라고? 내가 능글능글하다고? 난 태어나서 그런 얘기 처음 들어본다. 능글능글한 게 아니고 싹싹하고 젠틀한 거겠지."

두 사람이 소곤소곤 얘기를 나누고 있을 때, 진행을 하는 여직원이 영후의 이름을 불렀다.

영후가 발표장인 603호에 들어가자, 세 명의 심사위원이 앉아있었고, 영후는 프레젠테이션 자료를 넘기며, 발표를 했다.

"발표 잘 들었습니다. 창업아이템이 이전에는 없었던 아이템 같은데, 마케팅을 어떻게 하실 건지 생각하신 게 있습니까?"

50대 초반 정도로 보이는 안경 낀 남자 심사위원이 미소를 띠면서, 영후에게 물었다.

"네. 제 생각으로는, 제 아이템이 전에는 없었던 새로운 제품이기는 하지만, 제대로 만든다면, 마케팅이 어려울 것 같지는 않습니다. 그리고 잇몸이 안 좋은 분들이 워낙 많으니까 시장도 매우 좋다고 생각합니다.

마케팅 방법으로는 광고와 홍보를 위주로 하고, 전시회 등을 활용하려고 합니다."

"하지만 광고와 홍보에는 많은 돈이 들 텐데, 그게 가능할까요?"

"제품을 잘 만들어서, 신문기사에 내기만 하면, 돈을 투자하겠다는 사람이 있을 거라고 생각합니다."

"그런가요? 알겠습니다. 수고하셨습니다."

인사를 하고 나오기는 했지만, 영후는 왠지 찜찜한 느낌을 지울 수가 없었다.

대기실로 들어간 영후를 보자마자 기태가 물었다.
"형님, 뭐라고 묻던가요? 어떻게 팔려고 하냐고 묻지 않던가요?"
"그래. 너 어떻게 알았냐? 대충 대답을 하기는 했지만, 사실 심각하게 생각해 보지 않아서, 알맹이 없는 얘기만 하고 나왔다. 당연한 질문이었는데, 뭐라고 얘기해야 할지 모르겠더라.
사실 정부지원 사업으로 돈을 받아야 사업을 시작할 수 있으니까, 자세한 마케팅 계획이 있을 리 없잖아, 안 그래?"
"아이, 형님. 그러니까 심사위원들이 뭐라고 얘기하나 보려고 물어보는 거라니까요….
아마 대부분 그런 물음에 잘 대답하기가 어려울 거예요. 너무 걱정 마시고, 집에 가서 기도나 하고 있자고요…."
대기실을 나와서 산학협력관 앞으로 나온 영후가 기태를 보면서 말했다.
"저 말이야. 수내동 그녀가 혹시 1차에 떨어진 게 아닐까? 우리가 오후 내내 여기에 있었는데, 볼 수가 없지 않냐?"
"글쎄요…. 그렇다고 죽치고 기다릴 수도 없고…
제가 오늘 저녁 쏠 테니까, 야탑동 참치집으로 가시죠."

2차 합격자 발표 날에, 교대를 마치고 집으로 돌아가던 영후에게 한 통의 메시지가 전달되었다.

　'본교 창업아이템 사업화 지원 사업에 지원해 주셔서 감사합니다. 아쉽게도 귀하께서는 동 사업에 최종 선정되지 못하셨습니다.'

　메시지를 확인한 영후는 정신이 아찔했다.

　택시를 그만두고 다시 사업을 해야겠다는 희망이 끝나는 것 같았고, 몸에서 힘이 모두 빠져 나가는 것 같은 고통이 밀려왔다.

멘토 박 교수와 멘티들

　영후가 D대학교로부터 창업아이템 사업화 지원 사업에 추가로 합격했다는 전화를 받은 것은 불합격 메시지를 받은 후 일주일 정도 지난 화요일 오후의 일이었다.

　영후는 죽은 자식이 살아온 것처럼, 뛸 듯이 기뻤다.

　영후는 집으로 가던 발걸음을 술집으로 향하면서, 기태에게 전화를 했다.

"기태야, 이 형님도 합격을 했다.

　아귀찜 집으로 빨리 와라. 축하주를 한 잔 해야 하니까…."

　며칠 후, 영후와 기태는 D대학교에서 개최하는 창업아이템 사업화 지원 사업 선정자 입교식 및 오리엔테이션에 참석했다.

두리번거리던 영후의 눈에 그녀의 모습이 잡혔다. 옆에 있던 기태도 그녀를 보고는, 영후에게 속삭였다.

"형님, 그 분도 저 앞에 앉아 계신 것 같은데요…, 축하드립니다."

"음, 음…, 그래…, 그래."

오리엔테이션을 마친 창업자들은 자신들을 멘토링해 줄 담당 교수의 연구실로 찾아갔다.

영후와 기태를 포함한 여섯 명의 창업자들은 영후가 사업계획서 작성 멘토링을 받았던, 박성철 교수를 전담 멘토로 지정받게 되었다.

영후는 친절한 박 교수를 멘토로 모시게 된 것이 너무 기뻤지만, 더 기쁘고 흥분되는 일은 그녀도 역시 박 교수의 멘티가 되었다는 것이었다.

영후는 이런 행운이 자신에게 왔다는 생각에 연신 입을 다물지 못하고 있었다.

옆에 있던 기태가 작은 목소리로 영후의 귀에 속삭였다.

"형님, 이게 웬 횡잽니까?"

박 교수와 인사를 마친 창업자들은 차를 한 잔씩 하면서, 자기소개 시간을 가졌다.

"먼저 저희 대학의 창업아이템 사업화 지원 사업에 선정되신 것을 축하드립니다. 저는 앞으로 약 8개월 동안 여러분의 사업을 이끌어 줄 담당 멘토인 박성철입니다.

저도 과거에 대기업에서 근무하기도 했고, 중소기업의 연구소장을 한 경험도 있습니다. 또한 창업을 해서 실패한 경험도 있기 때문에, 여러분들이 저처럼 실패하지 않고 성공할 수 있도록, 제가 알고 있는 모든 것을 여러분께 다 주고 싶습니다.

저의 사업 얘기는 앞으로도 할 기회가 많을 것 같고, 오늘은 3분 이내로 각자 소개하는 시간을 갖도록 하겠습니다.

김영후 사장부터 왼쪽으로 돌아가면서 자기소개를 해 주십시오."

"저는 김영후라고 합니다. K자동차 홍콩지점에서 근무했고요, 홍콩에서 무역업을 한 경험이 있습니다. 국내에 들어와서 영원테크주식회사를 창업해서 약 9년간 사업을 했는데, 여의치 않아서 접었습니다.

이번에 가시광선 LED 융합기술을 이용한 구강 살균기라는 아이템으로 다시 창업에 도전하려고 합니다. 잘 부탁드립니다."

"저는 홍기태라고 합니다. 저는 영천 사람인데, 서울에 올라온 지 1년이 조금 넘었습니다. 약 10년 정도 대구, 경북지역에서 김 공장과 마트를 운영했지만 결국 사업에 실패했습니다.

그 후 옆에 계신 김영후 사장님 회사에서 팀장으로 일하다가, 얼마 전에 다시 사업을 시작했습니다.

제 아이템은 천연 발효주와 식초를 만들 수 있는 발효용기입니다.

열심히 하겠습니다. 감사합니다."

기태의 자기소개가 끝나자, 그 옆에 감색 양복을 말끔하게 차려입은, 40대 초반쯤의 남자가 자기소개를 시작했다.

"전 고승필이라고 합니다. 경기도의 S대학 화학과를 졸업하고, 약 10년간 화학소재를 판매하는 중견기업에서 기술영업을 담당했습니다.

일본 오사카신소재에서 약 2년간 기술 연수를 받은 적도 있어서, 일본 말은 조금 합니다.

결혼을 해서 2남 1녀를 두고 있습니다. 작년에 창업을 해서, 국내 S전자 등의 대기업에 납품을 하려고 노력하고 있습니다. 제 아이템은 반도체 라인에 사용하는 계면활성제와 폴리실라잔이라는 코팅제입니다.

혹시 제 도움이 필요하시면, 언제라도 말씀해 주십시오. 열심히 도와 드리도록 하겠습니다."

다음 차례가 그녀였기 때문에, 영후는 눈을 똑바로 뜨고, 집중을 했다.

"반갑습니다. 여러분.

훌륭한 교수님과 저와 같은 처지인 우리 팀의 창업자분들을 뵈니까, 정말 기쁩니다.

저는 패션회사를 경영하고 있는 오혜진이라고 합니다.

부산에서 음대를 졸업하고, 약 5년간 부산 서면에서 피아노 학원을 운영했는데, 제가 옷을 좋아해서, 결국은 패션회사를 작년에 창업했습니다. 앞으로 잘 부탁드려요."

"저…, 질문이 있는데요. 오혜진 사장님은 혹시 결혼하셨나요?"

영후가 갑작스럽게 개인 신상에 관한 질문을 했다.

얼굴 표정이 다소 굳어진 오혜진 사장이 표정을 부드럽게 하면서, 말했다.

"그런 개인적인 질문은 나중에 말씀드리도록 할게요."

"아…, 네. 죄송합니다. 저도 모르게 갑자기 말이 튀어 나왔네요. 이놈의 입이 문젭니다."

"전 조빛나라고 합니다. 저는 서울의 K대학에서 호텔경영학을 전공했고요, W호텔에서 근무했어요. 작년에 호텔을 퇴직하고, 1~2인 가구에 소포장의 도시락을 만들어 배달하는 사업을 하려고 해요.

그런데 제가 경험이 별로 없고, 부족한 것도 많으니까, 여러분들이 많이 도와주셨으면 합니다.

감사합니다…."

30대 초 중반으로 보이는, 깜찍하게 생긴 여자가 귀엽게 말을 했다.

"제가 마지막이군요. 제 이름은 이상열이라고 합니다. K 대학 컴퓨터공학과를 나와서, G전자 정보통신연구소에서 연구원으로 약 10년간 근무하다가 올해 초에 퇴직했습니다.

저는 창업을 하기 위해서 퇴직을 했는데요, 앱 기반의 맞선 소프트웨어를 개발해서, 짝 없는 분들에게 사랑을 서비스하는 것을 사업 목표로 정했습니다.

제 사업이 잘될 수 있도록 많은 응원과 격려, 부탁드립니다."

안경을 쓰고, 조금 소심해 보이는 30대 후반의 남자가 생긴 것과는 다르게 씩씩하게 말했다.

"오늘은 시간이 별로 없어서, 서로 소통할 수 있는 기회를 갖기는 어려울 것 같습니다. 다음 기회로 미루기로 하고요, 멘토링 계획에 관해서 말씀드리겠습니다.

우리 팀은 약 8개월 동안, 특별한 일이 없으면, 매주 1회씩 멘토링을 진행합니다. 그중에서 매월 첫 번째 월요일은 9층 회의실에 다 같이 모여서, 그 달의 주제에 대하여 공부하고 토론하는 그룹 멘토링 방식으로 진행합니다. 그 밖의 주에는 그 달의 주제를 중심으로, 여러분들의 사업에 도움이 될 수 있도록, 저와 일대일로 개별 멘토링을 하는 시간을 갖도록 하겠습니다.

그럼 다음 주 월요일이 6월 첫 번째 월요일이니까, 그날 오후 4시에 뵙도록 하겠습니다."

박 교수의 연구실에서 나온 영후와 기태는 같은 팀이 된 창업자들과 산학협력관을 빠져 나왔다.

"이렇게 만난 것도 인연인데, 간단히 식사라도 하러 가실 까요?"

영후가 헤어지기가 아쉽다는 듯이 말을 했다.

"죄송합니다. 전 집에 일이 있어서, 들어가 봐야 할 것 같습니다."

이상열 사장이 매우 애석하다는 듯이 말을 하고는, 자신의 승용차 쪽으로 걸어갔다.

오혜진 사장을 포함한 다른 창업자들도 다음에 하자는 말을 남기고는, 주차장 쪽으로 걸어갔다.

결국 영후와 기태만이 산학협력관 앞에 서 있었다.

"역시 너밖에 없구나…, 분당에 가서 한 잔하고 가야지…?"

6월 첫 번째 월요일 오후 4시 정각에, 9층 회의실에서는 그룹 멘토링이 시작되었다.

영후와 기태는 시작한 지 5분 정도 지나서, 회의실에 들어갔다. 다른 창업자들은 모두 와 있었다.

"죄송합니다. 조금 늦었습니다."

영후가 말했다.

"아…, 괜찮아요. 늦은 사람은 10분당 1만 원을 회비로 내시면 됩니다. 앞으로 회비는 오혜진 사장이 관리하면 좋을 것 같습니다."

박 교수가 빙그레 웃으면서 말했다.

"오늘은 창업의 개념과 사업 시스템에 관해서 같이 생각해 보기로 하겠습니다.

먼저, 창업의 개념은 뭔가요?"

"창업은 사업을 시작하는 것이고, 사업은 돈을 벌기 위해서 제품이나 서비스를 판매하는 것입니다."

고승필 사장이 말했다.

"그렇죠. 다 아는 내용입니다.

그런데, 그 돈은 누구의 돈인가요? 고 사장이 말해 보세요."

"아시다시피 고객의 돈입니다."

"맞아요. 고객은 여러분의 제품이나 서비스를 돈을 주고 사는데, 경제학적인 관점에서 이것을 무엇이라고 하는지 혹시 아는 사람이 있나요?"

박 교수의 갑작스러운 질문에 아무도 대답을 하지 않았다.

"이것은 사업에서 매우 중요한 개념인데요, 고객이 지갑에서 돈을 꺼내 여러분에게 주면서, 여러분의 제품이나 서비스를 갖고 가지요. 맞잖아요?

이것을 '교환'이라고 합니다. 아마 다 아실 거예요.

아까 고 사장이 사업은 돈을 벌기 위해서, 창업자가 제품이나 서비스를 판매하는 것이라고 말했는데, 이것은 창업자의 관점에서의 사업의 개념을 말한 것입니다. 그렇다면 고객의 관점에서는 사업을 뭐라고 말하면 좋을까요?

오혜진 사장이 대답해 보시죠."

"고객의 입장에서 본다면, 사업이란 사업자의 제품이나 서비스가 고객의 마음에 들어서, 그것을 돈을 주고 사는 것이라고 볼 수 있겠네요."

"네. 맞습니다. 하지만, 사업을 하는 사람은 사업자이니까, 지금 한 말을 다시 사업자의 입장으로 바꾸어서 사업이 무엇인지 정의를 한다면, '사업이란 고객이 마음에 드는 제품이나 서비스를 고객에게 제공하고, 고객의 돈을 받는 것'이고, '사업은 이러한 교환이 목적이다.'라고 말할 수 있겠죠? 무슨 말인지 이해가 가시나요?"

"네. 너무 쉬워서 잠이 올 지경입니다."

영후가 재미있게 말을 하고 싶어서, 좀 오버를 하고 말았다.

"그래요. 너무 쉽죠. 그런데 김영후 사장은 그렇게 쉬운 사업을 실패하고 왜 다시 창업을 하려고 하시는 거죠? 고객의 마음에 드는 제품이나 서비스를 고객에게 제공하고, 돈을 받으면 될 텐데 말이에요."

박 교수는 빙그레 웃으면서, 영후를 쳐다보고 말했다.

"아…, 교수님. 제가 실수했습니다. 교수님이 무슨 말씀을 하려고 하는지 조금 알 것 같다는 말을 하고 싶은 거였습니다."

"아닙니다. 뭐라고 하려고 하는 게 아니라…, 사업을 하는 창업자가 고객의 입장이 아닌 자신의 입장에서, 사업에 관한 것을 결정하려고 하는 것이 사업을 실패하게 만든다는 것을 이야기하려고 한 말입니다.

돈을 내는 사람은 고객인데, 왜 사업자는 자신의 입장에서 사업을 하려고 하는 걸까요?

여러분은 앞으로 사업을 할 때, 언제나 고객에게 돈을 지불하고 싶은지 물어 보시고, 고객이 좋아하는 제품이나 서비스를 제공함으로써, 고객을 기쁘게 해 주셔야 합니다.

오늘 첫 시간인데, 여러분이 사업을 하면서, 첫 번째로 마음에 새기실 것은 '고객의 입장에서 모든 것을 결정하는 것이 사업이다.'라는 것을 강조합니다."

"사업의 목적인 교환이 경제에서는 어떠한 의미를 갖는지 조금 더 설명해 보겠습니다.

경제가 뭔지는 잘 아시죠? 경제를 뭐라고 정의할 수 있을까요?

홍기태 사장은 경제가 뭐라고 생각하십니까?"

"저요? 음…, 자신은 없지만, 경제란 제품을 생산하고 소비하는 거래 관계라고 생각합니다.

그러니까, 사람들이 돈을 벌고, 돈을 쓰는 것을 말하는 것이 아닌가요?"

"맞습니다. 경제는 돈과 관계된 인간의 활동이고요, 경제를 정의해 본다면, 인간이 제품이나 서비스를 생산하고, 분배하고, 소비하는 활동과 이를 통해서 이루어지는 하나의 시스템이라고 말할 수 있을 것 같습니다. 이러한 인간의 경제 활동은 앞서 설명한 교환에 기초하고 있습니다.

예를 들어, 홍기태 사장이 발효용기를 만들어서 판매를 하는 것이 우리 경제에서 어떤 의미가 있는지 생각해 보기로 합시다."

박 교수는 파워포인트를 넘기면서, 설명을 계속했다.

▨ 수요-공급 곡선(Demand-Supply Curve)

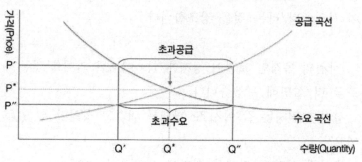

"앞의 그림을 발효용기의 수요 공급 곡선이라고 가정합시다.

만약 홍 사장이 발효용기의 가격을 P'로 높이면, 수요가 줄어들 것이고, 가격을 P"로 낮추면, 판매 수량은 늘어나지만, 이익이 줄어들게 될 것입니다. 이것을 눈치 챈 홍 사장이 가격을 P*로 했을 때, Q*만큼의 수량을 판매하게 되고, 홍사장의 매출은 (P*×Q*)가 됩니다.

여기에서 교환이 이루어졌습니다. 홍 사장이 고객에게 제품을 판매했고, 고객이 돈을 홍 사장에게 줬습니다.

홍 사장과 같이 제품이나 서비스를 고객에게 판매하고, 돈을 받는 사람들을 경제학에서는 '기업'이라고 하고, 고객을 '가계'라고 합니다. 경제학에서는 기업이나 가계를 경제의 주체라고 말하는데, 경제의 주체가 하나 더 있습니다. 그것이 뭘까요?

이상열 사장이 말해 볼까요?"

"음…, 얼른 생각이 나지 않는데요…."

"우리의 경제 활동을 잘되게 하기 위해서 노력하는 '정부'가 있습니다. 즉 경제의 주체는 기업, 가계, 정부라는 세 개의 집단을 말하고, 경제의 주체들이 경제를 이끌어 나가는 것입니다.

기업의 입장과 같이, 우리나라도 돈이 많아야 잘 사는 나라라고 할 수 있는데, 우리나라의 경제 규모를 돈으로 환산한다면, 얼마라고 할 수 있을까요?

우리는 이것을 GDP(Gross Domestic Product) 즉 국내총생산이라고 말합니다. 우리나라에 있는 기업이 생산, 판매한 매출의 총합과 같다고 보시면 됩니다.

우리나라는 자유경제를 경제의 기본으로 하고 있습니다. 자유경제에서는 기업이 창업이나, 폐업을 자유롭게 할 수 있고, 무엇을 생산하고, 판매할지도 자유롭게 결정할 수 있습니다. 물론 기업은 우리나라의 법이 허용하는 범위 안에서 경제 활동을 해야 하고, 법을 위반해서는 안 됩니다. 즉 우리 기업들이 법이 허용하는 한도 안에서 자유롭게 돈을 버는 활동을 경제 활동이라고 하고, 우리의 경제 활동은 자유경제를 기본으로 하고 있다는 것입니다.

경제학은 연구하는 대상에 따라서, 미시경제학과 거시경제학으로 나눌 수 있는데, 미시경제학은 경제의 주체인 기업이 제품이나 서비스의 가격을 어떻게 결정하고, 얼마나 생산, 판매하는지, 가계가 기업에서 임금으로 받은 돈을 어떻게 소비하고, 남은 돈을 저축하는지, 그리고 국가의 경제적 목표를 달성하기 위해서, 정부가 기업이나 가계를 위해서 어떻게 해야 하는지를 알기 위해서, 각 경제 주체의 경제 행동을 연구하는 것입니다. 즉 미시경제학은 경제 주체 사이에서의 교환과 관련된 경제 주체의 행동에 관해서 연구하는 학문입니다.

반면에 거시경제학은 경제 내에서 돈의 흐름을 연구하는 것이라고 보면 됩니다. 기업이 생산을 많이 해서 돈을 많이 벌면, 가계에도 돈이 많이 들어오니까, 소비가 늘어날 것이고, 소비가 늘어나면, 기업은 더 많은 돈을 버는, 경제적인 선순환이 되는 것입니다. 이렇게 기업들이 수출이나 내수로 돈을 많이 벌게 되면 국가 경제는 윤택해지고, 잘 사는 나라가 되는 것입니다. 정부는 잘 사는 나라를 만들기 위해서, 여러 가지 정책을 쓰게 되는데, 시중에 돈이 너무 많으면, 금리를 올려서 통화량을 줄이고, 돈이 부족해서 경제 활동이 어려워지면 금리를 낮추는 정책을 쓰는데, 이것을 금융정책이라고 합니다. 반면에 경기가 나쁘면, 국가의 재정을 풀어서 경기를 부양하고, 경기가 너무 상승하면 긴축 재정을 유지하는데, 이러한 정부의 정책을 재정정책이라고 합니다.

대부분 잘 아시는 내용이라 지루하셨죠? 잠시 쉬고, 다음 시간에는 사업시스템에 대해서 생각해 보도록 합시다.”

“지난 시간에 우리나라 경제에서 기업이 어떤 역할을 하는 것인지를 교환이라는 개념을 중심으로 설명했습니다.

이번 시간에는 창업기업의 사업시스템에 대해서 설명하도록 하겠습니다.

그렇다면 사업시스템이란 무엇인가요? 김영후 사장이 말해 보세요.”

“그거는…, 돈을 벌기 위해서 갖춰야 하는 조건을 말하는 것 아닌가요?”

영후가 말했다.

"그래요? 그렇다면, 돈을 벌기 위해서 필요한 조건이 뭔데요?"

"그러니까, 지금부터 그걸 배우려고 우리가 여기에 모인 거 아닌가요?"

영후가 박 교수의 말을 피하면서 말했다.

"어려운가요? 창업자가 돈을 벌기 위해서 무엇이 필요할까요?

그리고 창업자가 돈을 벌고 싶다고 해서, 쉽게 벌 수 있는 것도 아닐 것입니다.

또한 사업이란 한두 번 운이 좋아서 돈을 버는 것을 말하는 것이 아니고, 사업의 세 가지 요소가 체계적으로 원활하게 유지됨으로써, 돈을 벌 수밖에 없는 것을 의미한다고 할 수 있습니다.

전 시간에 예로 들었지만, 홍 사장은 발효용기를 생산해서 고객에게 판매하고 받은 돈을 가지고 원료와 부품을 사서, 다시 발효용기를 만들어서 판매할 것입니다. 이처럼 홍 사장은 계속해서 돈을 벌기 위해서, 제품 생산과 판매를 반복할 것이고, 이러한 사업시스템 안에서 돈의 흐름이 끊기지 않고, 원활하게 흐를 수 있도록 관리해야 할 것입니다.

이처럼 창업자가 돈을 벌기 위해서는, 사업시스템에 돈이 계속해서 흘러야 하는데, 이 사업시스템에서 필요한 세 가지가 무엇일까요?"

대답을 하는 사람이 없자, 박 교수는 알고 있는 사람이 있는지 물었다.

"제품(Manufacturing), 마케팅(Marketing), 관리(Managing)를 말하는 것으로, 3M 시스템이라고 합니다."

오혜진 사장이 대답했다.

"음…, 좋아요. 이건 다른 책에는 나와 있지 않은데…, 내 책을 읽었나 보군요. 다른 분들도 꼭 한 번 읽어 보도록 하세요. 교과서이지만, 그렇게 딱딱하지는 않거든요….

앞의 그림을 보세요."

박 교수가 흐뭇한 표정을 지으며, 사업시스템에 대해서 설명을 하기 시작했다.

▨ 사업시스템(3M)

M (Manufacturing)	고객이 만족하는 차별화된 제품(서비스)
M (Marketing)	Segmentation: 세분화한 시장에서
	Targeting: 목표 고객에게
	Strategy: 초기시장전략, 캐즘극복전략 → 판매
M (Managing)	고객(수익)을 관리

"앞의 그림과 같이 창업자가 사업을 하기 위해서는, 제품이나 서비스가 있어야 하고, 그것을 고객에게 판매하기 위

해서 마케팅을 해야 하고, 판매 대금으로 들어온 돈으로 다시 제품을 만들거나 고객을 관리하는 등의 시스템을 관리하는 세 가지 일을 계속해서 실행해야 합니다.

그럼, 사업시스템의 세 가지 (3M) 중에서, 창업자에게 가장 중요한 것은 무엇인가요?"

"그거야 제가 잘 알죠. 관리입니다."

영후가 말했다.

"아닙니다. 마케팅입니다."

기태가 말을 하고는, 영후의 눈치를 살폈다.

"의견이 갈렸는데, 오 사장은 어떻게 생각하나요?"

"제 생각으로는, 창업자가 제품을 팔아서 돈을 만드는 마케팅이 가장 중요하다고 생각합니다."

"그렇습니다. 창업자에게는 마케팅이 가장 중요합니다. 창업자는 시장에서 제품이나 서비스를 판매해서, 그 대가로 돈을 받습니다. 따라서 제품이나 서비스는 마케팅이 되지 않으면, 아무런 의미가 없는 것입니다. 또한 마케팅이 되지 않으면 관리할 것이 없게 됩니다.

사업 초기에 창업자들은 시제품을 만들고, 시제품에 문제가 없으면 제품을 양산해서, 판매를 하게 됩니다. 그런데 양산한 제품이 잘 팔리지 않으면 자금이 어려워져서 사업을 중단하게 될 수도 있습니다. 그렇다면 사업시스템에서 무엇이 잘못된 것일까요?

이상열 사장은 무엇 때문이라고 생각합니까?"

"네? 아마도 제품의 성능에 문제가 없다면…

마케팅을 잘하지 못해서 그런 것 아닐까요?"

"그렇죠. 사업시스템에 있어서, 제품이나 서비스는 마케팅의 하나의 요소라고 볼 수 있어요.

제품이나 서비스가 없으면, 마케팅을 할 수가 없을 것이고, 보통의 경우에는 마케팅을 하지 않으면, 제품이나 서비스를 팔 수가 없잖아요. 따라서 제품이나 서비스가 마케팅에 포함되는 것이라고 본다면, 사업시스템은 마케팅과 관리라는 두 가지 요소만 남게 되고, 처음 사업을 시작하는 창업자에게 가장 중요한 것은 마케팅일 수밖에 없게 되는 거잖아요.

마케팅에 대해서는 다음에 다시 논의하기로 하고, 오늘은 여기까지 하도록 합시다.

저녁 시간이 다 되었으니, 근처에서 같이 식사를 하고 가도록 합시다.

오늘은 내가 살 테니까, 부담 갖지 마시고요…."

영후와 창업자들은 박 교수가 안내하는 학교 근처 식당에서 식사를 하면서, 간단히 소주를 마셨고, 박 교수가 돈을 지불했다.

"오늘은 처음 만나는 자리이니 만큼, 일찍 귀가하도록 합시다."

박 교수가 말했다.

"아닙니다. 교수님이 박봉에도 불구하고, 1차를 사셨고…, 또한, 오늘같이 뜻깊은 날에 2차를 안 갈 수 없습니다. 제가 2차를 사겠습니다."

말을 마친 영후는 근처 생맥주 집으로 향했다.

술이 조금 취한 박 교수는 2차에서 소맥으로 잔을 돌렸다. 소맥이 서너 잔 돌자, 그들의 말소리와 웃음소리가 커지기 시작했고, 시간은 11시를 넘기고 있었다.

"교수님, 이렇게 우리 창업자들이 교수님을 만난 지도 꽤 되었고, 교수님께서 제일 연장자이신데, 이제는 저희들한테 편하게 말씀을 하셔도 될 것 같습니다.

다들 그렇게 생각하시지 않나요?"

영후가 정색을 하면서 말을 했다.

"네. 그렇게 하는 것이 좋을 것 같습니다."

기태가 영후의 말을 거들었다.

아무도 말이 없자, 박 교수가 말했다.

"여러분 뜻이 그렇다면, 이제부터 말을 놓도록 하겠습니다. 사실 전 여러분들이 다 내 동생 같은 생각이 들어요.

자, 마지막으로 건배 한 번 하고 일어나도록 하자고…."

"교수님, 제가 댁까지 모셔다 드리겠습니다.

같이 가시죠."

차를 가져가야 한다고, 술을 마시지 않은 고승필 사장이
말했다.

"아냐, 아냐. 난 택시타고 가면 되니까, 신경 쓰지 말라고."
박 교수가 혀 꼬부라진 소리로 말했다.

영후가 계산을 하려고 했지만, 이미 오혜진 사장이 돈을
지불한 뒤였다.

"뭡니까? 내가 계산한다고 했잖아요?"
영후가 화가 난 듯이 말했다.

"얼마 전에 눈 먼 돈이 들어와서 제가 냈어요. 실례가 되
었다면 죄송합니다."
오 사장이 말했다.

오 사장은 소맥을 많이 마셨지만, 겉으로 보기에는 취한
것 같지 않았다.

"그리고요…, 전 그런 행동을 싫어하니까, 앞으로 조심하
세요. 그리고 3차는 분당으로 가서 제가 사겠습니다. 설마
거절하시지는 않으시겠죠?"
영후가 정색을 하면서, 말했다.

"저도 그렇게 하고 싶은데, 내일 아침에 중요한 미팅이
있어서, 더 이상 술을 마시면 안 될 것 같아요. 어쩌죠?"

사랑과 마케팅

더웠던 여름을 뒤로 한 채, 아침과 저녁에는 제법 서늘한
기운이 느껴졌다.

가을이 된 것이다.

영후는 택시 일을 그만두고, 사업에 모든 힘을 쓰고 있었
다. 하지만 영후의 사업은 별다른 진전이 없었다. 박 교수와
의 멘토링을 통해서 사업 계획을 세우고, 시제품을 설계해
서, LED 칩의 살균 효과 실험과 안전성 테스트를 하고 있지
만, 올해 안으로 만족할 만한 시제품을 만들 수 있을지에
대한 자신이 없었다.

여름 방학 동안에 여러 차례, 박 교수를 찾아가서 지도를
받기도 하고, 실험 데이터를 가지고 가서 의논을 하기도 했
지만, 의료기기로 허가를 받기에는 다소 부족해서, 전체적

인 시제품 설계와 생산 계획을 수정해야만 했다. 그에 비하면, 기태의 발효용기의 시제품 생산은 잘 진행되는 것 같았다.

영후는 겉으로는 웃고 있었지만, 사업이 마음먹은 대로 잘 진행되지 않아서, 얼마간의 스트레스를 받고 있었다. 게다가 만난 지 벌써 세 달이나 되었어도, 오혜진 사장과 제대로 얘기도 한번 하지 못하고 있어서, 스트레스를 풀 길이 없었다.

그나마 다행인 것은 박 교수가 영후의 처지를 잘 이해하고, 적극적으로 도와주고 있었고, 일대일 멘토링 시간에는, 자신의 수준에 맞춰서 멘토링을 해 주고, 격의 없이 대해 준다는 것이었다.

박 교수는 사업에 관한 여러 주제에 관해서 질문을 하기도 하고, 서로의 과거사나 사생활에 관한 것을 이야기하기도 하면서, 너무나 훌륭하게 멘토링을 진행하고 있었다. 물론 인생이나 사랑에 관한 이야기를 하기도 했다.

영후는 박 교수와 만나서 이야기하는 것이 너무 즐겁고 행복했다.

9월부터 11월까지는 마케팅에 대한 멘토링이 진행될 예정이다. 9월에는 '마케팅의 개념', 10월에는 '마케팅 전략', 11월에는 '시장에 맞는 마케팅'이 주제로 정해졌다.

9월 첫 번째 월요일의 그룹 멘토링 시간이 되었다.

영후는 4시 15분 전부터 회의실에 앉아 있었고, 4시 5분 전에는 모두 참석해서 멘토링이 시작되었다.

박 교수가 파워포인트를 통해서 약 10분간 주제를 요약했다. 그리고 질문을 하기 시작했다.

"마케팅은 '고객의 선택에 영향을 미치는 모든 활동'이라고 했는데, 판매와는 어떻게 다를까?"

"판매는 돈을 받고, 제품이나 서비스를 파는 것을 말하지 않나요?"

조빛나 사장이 말했다.

"돈을 받고 제품이나 서비스를 파는 것은 교환이니까, 다른 점이 아니고 같은 점이라고 봐야 하겠지. 물론 마케팅이나 판매는 '공급자와 수요자간의 교환'이라는 면을 공통적으로 포함하고 있어요. 하지만 마케팅과 판매는 근본적인 차이점이 있는데…. 뭘까?"

"자신은 없는데, 공급자와 수요자 간에 누가 주도권을 갖고 있는가에 대한 것에서 나오는 차이점이 아닐까요?"

고승필 사장이 말했다.

"흠…, 역사적으로 봤을 때는 정답에 가까운 것 같아.

제품에 대한 수요가 많았을 때에는 마케팅이라는 개념은 필요하지 않았어. 하지만 제품의 공급이 많아져서, 고객이 교환의 주도권을 갖게 됨에 따라 생긴 말이 마케팅이라는 말이지.

즉 마케팅은 공급자가 주도권을 갖고 있던 시대의 일방적인 판매와는 다른 개념이야.

판매는 물건을 파는 데 초점이 맞춰져 있지만, 마케팅은 고객과의 소통을 통하여, 저절로 고객이 선택을 하도록 만드는 것이야. 쉽게 표현하면, 고객이 내 제품을 사기 위해서, 줄서게 만드는 것을 마케팅이라고 생각하면 돼.

피터드러커(Peter Drucker)라는 분이 있는데, 그분은 법학을 공부하셨고, 나중에 유명한 경영학자가 되셨어. 나하고 비슷해. 나도 법학을 공부했고, 지금은 창업을 가르치잖아.

그 분은 '판매는 자신이 팔고 싶은 상품을 사도록 설득하는 것이고, 마케팅은 고객이 사고 싶어 하는 물건을 파는 것'이라고 말씀하셨어. 이해가 가나?"

"네, 이해는 가는데, 머리에 쏙 들어오지는 않습니다."

이상열 사장이 말했다.

"그래? 그러면 이렇게 설명하면 이해가 좀 될까?

마케팅은 전략적으로 계획을 수립해서, 다수의 고객을 상대로 구매를 설득함으로써 잠재 고객을 확보하는 것이야. 반면에 판매는 한 명 또는 몇 명의 고객을 상대로 구매를 하도록 설득해서 고객이 돈을 지불하도록 하는 것이지.

따라서 '마케팅의 목적은 판매를 불필요하게 만드는 것이다.'라는 말도 있어.

즉 '마케팅은 고객이 스스로 선택하고 구매하도록 만드는 것'이고, 판매는 단순히 고객에게 제품을 팔아 치우고 싶다는 거야. 그걸로 판매의 목적이 이루어지는 것이기 때문이지.

그러니까 마케팅과 판매의 목적은 서로 같지만, 그 목적을 달성하는 방법이 서로 다른 거야."

이번에 박 교수는 좀 색다른 질문을 했다.

"많은 사람들이 사랑과 마케팅은 서로 닮아 있다고 하는데….

그렇다면 사랑과 마케팅의 공통점은 뭘까?

여러 가지가 있는데, 생각나는 대로 한 가지씩 말해 보도록 합시다."

"둘 다 돈이 많이 든다는 것입니다."

영후가 싱글거리며 말했다.

"응. 일리는 있는 것 같은데….

물론 남자가 돈이 많이 든다는 말이지?"

"과거에는 그랬는데, 요즘에는 꼭 그렇지는 않은 것 같습니다."

"상대방을 빠져들게 만들어야 한다는 것입니다."

기태도 웃으면서 말했다.

"지금 홍 사장이 굉장히 중요한 것을 지적했어. 사랑에 있어서 상대방을 빠져들게 하는 것과 마케팅에서 고객을 줄

서게 하는 것은 너무나 닮아 있잖아.

또 다른 의견이 있나?"

"둘 다 전략이 필요하다는 것입니다."

이상열 사장이 말했다.

"그렇지. 둘 다 목표를 달성하기 위해서는 전략을 세워서, 실행해야 되겠지.

다음⋯."

"상대방의 욕구를 만족시키고, 어떤 대가를 받는 것입니다."

오혜진 사장이 말했다.

"아니 그럼, 오 사장님은 어떤 대가를 받기 위해서 사랑을 한다는 말인가요? 전 그렇게 생각하지 않는데요⋯."

영후가 오 사장의 말을 반박했다.

"흥⋯, 김 사장님은 보기하고는 영 다른 분이신가 보죠? 제가 생각하기에는 마케팅이나 사랑이나 대가를 바라고 하는 일인 것 같은데요⋯."

"김영후 사장은 오 사장이 말만 하면, 억지를 부리는 걸로 봐서는 뭔가 딴 생각이 있는 게 아닌지 의심이 드는데⋯."

얘기를 듣고 있던 박 교수가 둘 사이에 끼어들었다.

"아닙니다. 전 대가를 바라고 사랑을 한 적이 한 번도 없었기 때문에, 정말 의아해서 말씀드렸던 겁니다. 제 얘기로 오 사장님이 오해는 하지 않았으면 좋겠습니다."

오 사장이 더 이상 대꾸를 하지 않자, 어색한 분위기를 깨려는 듯이, 영후가 말을 했다.

"또 하나의 공통점은, 마케팅도, 사랑도 이론과 실제가 다른 경우가 많다는 것입니다."

"정말 그런가? 난 얼른 이해가 가지 않는데⋯."

박 교수가 말했다.

"제 말은 사랑이나 마케팅이 이론에 따라서 실행을 해도, 언제나 좋은 결과가 나오는 것이 아니고, 오히려 그 반대의 경우가 많다는 말입니다."

"김 사장! 이론을 실행했을 때, 예상한 결과가 나오지 않는다면, 이론이 잘못된 것이라고 봐야 하는 것 아닌가?

하여간 자네 말은 논란의 여지가 있는 것 같아⋯."

박 교수가 영후의 말을 반박했다.

"모든 것이 이론대로 잘된다면, 많은 사람들이 사랑과 마케팅에서 성공해야 하는데, 실제로는 그렇지 않은 것 같습니다. 창업자들이 창업한 지 5년 정도 지나면 70% 정도가 실패하고, 많은 사람들이 사랑에 실패하고, 헤어지고, 사랑 없는 결혼을 하는 경우가 많지 않습니까?"

다시 영후가 박 교수의 말을 반박했다.

"그래? 하여간 이 문제는 나중에 술 한 잔 하면서 얘기하도록 하지.

또 다른 공통점이 있으면, 말해 보세요."

"상대방과의 소통이 중요하다고 생각합니다."

조빛나 사장이 말했다.

"맞아. 아주 좋은 지적인 것 같아요. 마케팅에서도 고객과
의 소통은 아주 중요하지.

그렇다면 사랑에 있어서는 남자와 여자가 어떻게 소통을
해야 할까?"

박 교수가 조 사장을 보면서 질문을 던졌지만, 조 사장은
얼굴이 붉어지면서 대답을 하지 못했다.

"남자는 여자에게 '관심'을 가져야 하고, 여자는 남자에게
'칭찬'을 해 줘야 한다고 합니다.

얼마 전에 TV에서 성 전문가라는 분이 그렇게 말씀하셨
어요. 최 교수님이라고 하시던데…."

오혜진 사장이 말했다.

"맞아. 관심과 칭찬.

여러분도 일리가 있다고 생각하면, 박수를 힘껏 쳐 주세요.
손바닥을 마주쳐야 소리가 나고, 건강에도 좋잖아."

짝! 짝! 짝!

"어느 정도 나온 것 같으니까, 지금까지 여러분들이 말한
내용을 정리해 보도록 할게."

"하나 더 있는데요. 물질적, 육체적인 것보다는 정신적,

심리적인 요소가 더 중요하다는 것입니다."

기태가 추가해서 말했다.

"맞아. 좋은 지적이야.

사랑에 있어서, 여자는 육체적인 것보다는 정신적인 것을 더 중요하게 생각한다고 해. 하지만 남자들은 이걸 잘 이해하지 못하는 것 같아.

그래서 사랑이 깨지는 경우도 많다고 하거든….

사실 나도 사랑에 대해서는 잘 모르는데, 아까 오 사장이 언급했던 최 교수한테 배운 거야. 사실은 최 교수하고 난 친한 사이거든….

여러분들이 고객과의 소통을 하기 위해서는, 아까 이 사장이 얘기한 전략이 필요하지.

물론 마케팅 전략은 교환을 하기 위한 것인데, 고객과의 소통을 강화하면, 결국 고객의 마음을 얻을 수가 있다는 거야. 즉 창업자는 고객과 어떻게 소통할 것인가를 생각해 보고, 자신의 고객에게 맞는 마케팅 전략을 세우고, 실행을 해야 해.

또한 마케팅의 실행 결과에 대하여 평가를 하고, 피드백 (Feed Back)도 해야 하겠지.

따라서 마케팅도 물질적인 것보다는 심리적인 요인이 중요하고, 고객의 심리를 잘 알아야 마케팅에서 승리할 수 있어. 고객을 만족시키기 위해서는 물질적인 것도 필요하지만, 고객의 마음을 얻어야 하는 것이고, 이것이 마케팅의 본질이라고 할 수 있지.

마케팅과 같이, 사랑에서도 여자의 마음을 얻어야 하는 것 아닌가?

남자가 여자의 마음을 얻으면, 육체적인 것은 저절로 얻을 수 있잖아.

내말이 맞지? 김 사장?"

"그럼요. 지당하신 말씀입니다. 저도 그걸 잘 알고, 또 실행하고 있습니다."

영후가 근엄한 표정을 지으며 말했다.

"지금까지 마케팅과 사랑을 비교해서, 공통점을 알아본 이유는 마케팅의 개념을 이해하기 쉽도록 하기 위해서야. 아마 여러분도 사랑에 대해서는 잘 알고 있겠지만, 마케팅에 대해서는 잘 몰랐잖아.

그런데 내가 한 가지 공통점을 추가한다면, '관리를 잘해서 영원한 관계를 유지하라'는 것이야.

마케팅이 '한 번 맺은 고객과 영원히 함께하는 것'이라면, 사랑도 '한 번 맺은 상대방과 영원히 함께하는 것'이라고 생각해.

내 말이 맞지?"

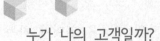

누가 나의 고객일까?

9월 그룹 멘토링의 목표는 '스타트업 마케팅'을 이해하는 것이다. 첫 번째 시간에는 마케팅의 개념을 알아보는 시간 이었고, 두 번째 시간이 시작되었다.

"첫 시간에는 마케팅의 개념을 이해하기 위해서, 판매와 의 차이점과 사랑과의 공통점을 알아봤는데, 이번 시간에는 '나의 고객은 누구인가?'에 대해서 같이 생각해 보도록 합 시다.

그럼 나의 고객이 누구인지를 알기 위해서, 어떻게 해야 할까?

홍 사장이 그 방법을 말해 보도록…."

"내 고객이 누구인지는 먼저 나의 제품이 무엇인지에 따라서 결정됩니다.

나의 제품은 고객의 욕구(Needs)를 만족시키기 위한 것이므로, 제품을 만들 때 어떤 고객에게 내 제품을 판매할 것인가를 어느 정도 결정해야 합니다."

"맞아. 제품을 만들 때, 누구에게 어떻게 팔 것인가를 정해야 하지. 즉 최종 제품을 만들기 전에 마케팅 계획이 세워져 있어야 한다는 것이야. 마케팅 계획에는 '이 제품이 고객에게 어떤 가치를 주는지? 그 가치를 인정해 줄 수 있는 고객이 누구인지? 그리고 그 고객을 위해서 무엇을 어떻게할 것인지?'에 대한 대답이 포함되어 있어야 하지. 그래야 고객에게 제품을 판매함으로써 만족을 주고, 계속적인 관계를 유지할 수 있는 것 아니겠어?

그런데 문제는 자신의 고객에게 의사를 물어보지 않고, 자신의 예상에 의해서 고객을 잘못 선택하는 것이야!

김 사장, 이해가 가나?"

"네, 이해는 갑니다만, 어떻게 일일이 고객에게 물어볼 수가 있나요? 전 그렇게 하기 어려울 것 같은데요…."

"고객에게 일일이 물어볼 수도 없고, 어떻게 하면 좋겠나? 누가 대답을 해 보지."

"먼저 시장을 작게 나누어서, 내 제품을 사줄 것 같은 사람들의 집단을 정해야 합니다. 그 다음에 그 예상 고객을 상대로 마케팅 조사를 하는 것입니다. 그 결과에 따라서 고객 집단을 다시 정하기도 하고, 내 제품이 그 고객 집단을 어느 정도 만족시키는지도 파악해야 합니다."

조빛나 사장이 대답했다.

"내 고객에 대하여 많이 알지 못하면, 마케팅이 잘될 수 없는 것은 당연한 것 아니겠어?

따라서 전체 고객 집단 중에서 표본을 뽑아서, 마케팅 조사를 하는 것이지.

마케팅 조사 중에서 가장 일반적인 것이 예상 고객에게 설문조사를 하는 것이고, 그 결과를 검증하기 위해서, 고객 중에서 수십 명을 선택해서 면접조사를 할 수도 있어.

면접조사를 어렵게 생각하지 말고….

그냥 만나서 물어보는 것이야.

면접조사는 질문지를 통한 설문조사를 보완할 수 있고, 질문지로는 알 수 없는 고객의 감춰진 욕구나 거짓말을 찾아내기 위한 것이지.

이해가 가나?"

"그렇지만 돈이 많이 들 것 같은데요. 전 가진 게 별로 없어서…."

영후가 말했다.

"김 사장, 고객을 제대로 정하지 못해서 마케팅에 실패하는 경우도 많고, 마케팅 조사 없이 물건부터 만들어서 다 버리는 경우도 있거든….

크게 벌려면 조금은 써야 하는 것 아닌가?

평소 자네답지 않게…, 왜 그런가?

그럼, 돈이 거의 안 드는 방법을 하나 알려줄게.

정부에서 창업자에게 '마케팅 지원 사업'을 하고 있는데, 그 내용을 보면 마케팅 조사비용도 지원받을 수 있어.

이제 돈 문제는 해결되었겠지?"

▧ 마케팅의 STP+4P

"그러면, 마케팅 조사를 통해서 알게 된 정보를 가지고 고객을 정하는 방법을 알아보도록 하자.

좀 전의 '주제 요약'에서, 마케팅을 STP+4P라고 표현했는데, STP의 P는 고객의 마음에 자리잡기(Positioning)의 머리글자이고, 4P와 함께 다음 시간의 '고객을 위하여 무엇을 할 것인가?'에서 생각하기로 하지.

그럼 누가 ST의 개념을 설명해 주겠나?"

"마케팅에서 ST는, 시장 세분화(Segmentation), 목표 시장

정하기(Targeting)의 영문 앞 글자를 말하는 깃입니다. 즉, ST
는 시장을 세분화하고, 그 세분화된 시장 중에서 목표 시장
을 정하는 것입니다.

시장 세분화는 시장을 구매자의 욕구나 태도, 구매 행동
등 일정한 기준에 따라 비슷한 특징을 가진 소비자 집단으
로 나누는 것을 말합니다.

그리고 세분화된 여러 개의 시장을 분석해서 최종적으로
하나의 시장을 정하는 것이 자신의 목표 시장이라고 할 수
있습니다."

고승필 사장이 대답했다.

"좋아! 정확하게 설명했어. 내가 조금 더 보태서, 시장 세
분화부터 먼저 설명해 볼게.

자신의 제품이 어떤 고객을 만족시킬 수 있는지 생각을
해보자고….

예를 들어본다면, 오혜진 사장의 아이템인 '레이스 옷'의
고객은 누구일까?

아마 여성이겠지.

그 여성 고객의 나이는 어느 정도일까?, 중산층 이상일
까?, 그들이 레이스 옷에서 얻고자 하는 가치는 무엇일까?,
지금 레이스 옷을 만들면 잘 팔릴까? 등.

아마 여러 가지를 생각할 수 있을 거야.

오 사장은 자신이 정한 몇 개의 시장을 분석해 보고, 자

신의 제품이 가장 잘 팔릴 수 있는 시장을 정해야 하겠지. 이렇게 자신이 정한 그 시장을 목표 시장이라고 하고, 그 시장에 속하는 고객 집단이 자신의 고객이 될 거야.

오 사장은 자신의 고객을 분명히 하기 위해서, 고객의 성별, 나이, 지역, 생활수준, 연봉, 결혼 유무, 구매 행동 및 특징, 라이프스타일, 동호회, 취미 등 고객에 관한 리스트를 작성할 수 있을 거야.

하지만 문제가 있어.

자신의 제품을 구매할 고객이 있는 지역이라든지, 숫자 등에 대한 정보를 얻기가 쉽지 않아.

최근 정부에서 자영업자를 위해서 빅 데이터를 통한 지역별 상권 정보를 제공하고 있지만, 기술 창업자에게는 크게 도움이 되지는 않을 것 같아. 특히 혁신적인 신제품에 관한 정보는 인터넷을 뒤져봐도 알 길이 없어.

이렇게 자신의 고객에 대한 정보를 얻기가 힘든 경우에는, 자신이 예상한 목표 시장의 고객에게 설문조사나 면접조사를 하는 방법을 통해서, 자신의 목표 고객을 정할 수밖에 없을 거야.

그리고 목표 고객을 잘못 정하면 엉뚱한 사람에게 마케팅을 하는 것이 되니까, 자신의 목표 시장을 정확하게 알기 어려운 경우에도 시장조사가 필요할 거야.

이 때 주의할 점은 자신의 목표 시장 고객을 나눌 수 있는 만큼 나누어서, 최소한 작게 잡는 것이 좋아.

그런데, 자신의 목표 시장을 최소한 작게 잡아야 하는 이유가 뭘까?

시장이 커야 매출을 많이 할 수 있을 것 같은데 말이야? 왜 그럴까?

오 사장은 알고 있을 것 같고….

그러면, 김 사장이 말해 보겠나?"

"돈이 없어서 그런 것이 아닐까요?"

영후가 순간적으로 얼굴 표정을 바꾸면서, 싱글거리며 말했다.

"뭐, 돈도 그 이유가 되기는 하지. 하지만 돈이 정답은 아니야!

창업자는 목표 시장이 작고 정확하지 않으면, 마케팅이 어려울 거야.

어느 정도 이해하겠지만, 시장이 크고 여러 개의 세분화된 고객에게 마케팅을 하기 위해서는 돈이 많이 들고, 필요 없는 돈을 쓰게 될 확률이 많잖아….

창업자는 적은 돈으로 효율적인 마케팅을 하지 않으면, 비즈니스에서 성공하기 어렵다는 것은 이해할 수 있겠지?

흔히 마케팅을 전투와 같다고 하는데, 창업자와 같이 전력이 형편없는 경우에 전투에서 이기기 위해서는, 전선이 좁은 지역에서 전투를 해야 한다는 생각이 들 거야.

만약 그런 상황이 안 된다면, 전투를 해서는 안 되겠지.

결국 창업자는 시장을 아주 작게 세분화해서, 경쟁자가 없거나, 자신보다 약한 경쟁자만 있는 시장을 찾아야 해. 이기기 어려운 강한 경쟁자가 있는 시장을 선택해서는 성공할 확률이 거의 없다는 것은 당연하잖아. 어쨌든 시장을 세분화했을 때, 경쟁자가 거의 없는 시장을 '틈새 시장'이라고 하지.

그리고 그 곳에서의 전투를 게릴라전이라고 부를 수 있을 거야.

좀 더 자세한 얘기는 마케팅 전략을 얘기할 때 다시 하도록 할게.

그러면 오혜진 사장이 자신의 시장 세분화와 목표 시장 선정에 대해서 얘기해 보도록 하지."

"제 제품은 레이스 여성복입니다. 레이스 여성복 시장은 새로운 시장으로서, 혁신적인 것을 즐기는 전문직 여성이 입을 가능성이 가장 높다고 생각했습니다. 따라서 유행에 민감한 20대 후반부터 30대 중반의 전문직 여성을 예상 목표 고객으로 정했습니다.

아나운서, 앵커 등의 전문직 여성들과 소득 수준이 높은 직장 여성들은 감각적인 디자인과 세계적인 트렌드와 일치하는 스타일의 레이스 여성복을 선호할 것으로 생각했습니다.

제가 디자인한 레이스 원피스를 보여주면서, 설문조사를 실시했는데, 제가 생각한 것과 거의 일치하는 결과를 얻었습니다.

먼저 소득 수준이 높은, 서울과 수도권의 20~30대의 전문직 여성을 목표 고객으로 정해서, 그들에 대한 시장 정보를 조사하고 있습니다."

"아주 좋아요! 내 생각에도 초기의 틈새 시장을 적절하게 선택한 것 같아.

앞으로 많은 돈을 벌 조짐이 보이는데….

다음으로는 홍 사장이 자신의 시장 세분화와 목표 시장 선정에 대해서 말해보도록 하지."

박 교수가 오 사장을 칭찬하면서, 기태에게 질문했다.

"제 아이템은 발효용기인데, 소주를 넣지 않고 설탕과 물만으로 발효주를 만들 수 있습니다. 발효주는 공기, 즉 산소를 싫어하는 혐기성 미생물에 의해서 진행되는데, 발효 대상물에 따라서 다르지만, 대부분 한 달 정도 지나면 발효주가 만들어집니다.

만들어진 발효주 뚜껑을 열고 수시로 저어 주면서, 공기와 접촉시키면서 일주일 정도 지나면 식초로 변합니다. 하지만 이때 주위 온도가 30℃ 정도 되어야 합니다.

따라서 이 발효용기 하나로 발효주와 식초를 다 만들 수 있습니다.

저는 먼저 담금주나 식초를 만든 경험이 있거나, 만들고 싶은 40~50대의 남성과 여성을 예상 목표 고객으로 정했습니다. 실제로 정부의 '마케팅 지원 사업'으로 조사 업체에 의뢰해서 받은 결과도 제 생각과 일치했습니다. 조사 결과에 의하면, 건강에 관심이 많은, 월 소득이 400만 원 이상이 되는 남성과 여성들에게서 반응이 좋았습니다.

따라서 제 목표 고객은 '(1) 담금주나 식초를 만든 경험이 있거나, 만들고 싶고 (2) 건강에 관심이 많고, 월 소득이 400만 원 이상이 되는 (3) 40~50대의 남성과 여성'으로 하는 것이 맞는 것 같습니다."

"발효용기로 발효주도 만들고, 발효식초도 만들 수 있다니, 정말 좋은데….

하지만 한 가지 걱정스러운 것은 고객이 전국적으로 흩어져 있어서, 마케팅 비용이 상당히 소요될 것 같아. 따라서 처음에는 동호회나 온라인 마케팅을 활용해야 할 것 같은데….

지금까지 두 가지 사례를 통해서, 시장 세분화와 목표 시장 선정에 대해서 알아봤는데, 시간이 별로 없어서, 이상열 사장까지만 하고, 잠깐 쉬고, 한 시간만 더하고 식사를 하자고….

대신 저녁은 내가 살게."

"제 아이템은 앱 기반의 맞선 소프트웨어인데요, 현재 소프트웨어를 개발 중에 있습니다.

제 아이템의 차별점은 남녀 모두가 직장인 또는 공무원이어야 한다는 것입니다. 즉 재혼이 아닌, 처음으로 결혼하고자 하는 직장인이나 공무원이 저의 목표 고객이라고 생각합니다. 제가 생각하고 있는 데이팅 시스템은 회원 가입 시에 회사 이메일로 인증하도록 하는 방식인데, 회사 이메일이 없는 경우에는 신분증이나 재직증명서로 대신할 수 있도록 하려고 합니다. 매일 한 명의 스마트 매치 회원 소개, 채팅 기능, 프로필 방문자 알림 서비스, 나를 찜한 회원 등은 기존의 데이팅 서비스와 같은 것이 많습니다. 하지만 맞선의 성공 확률을 높여 주는 큐레이터 시스템을 만들어서 기존 업체와의 차별화를 꾀하려고 합니다."

"아니, 이 사장님, 제 생각으로는 초혼보다는 재혼을 위한 데이팅 서비스가 더 좋을 것 같은데요. 현재 재혼을 위한 제대로 된 서비스가 없으니까, 경쟁력이 있지 않을까요? 그러면 저도 가입할 용의가 있는데….."

주의 깊게 듣고 있던 영후가 빙그레 웃으며 말했다.

"네. 초혼을 위한 데이팅 서비스가 대박이 나면, 재혼을 위한 데이팅 서비스도 오픈하려고 합니다. 죄송한데, 그때까지 기다려 주세요. 그렇게 오래 걸리지는 않을 겁니다."

이상열 사장이 웃으면서 말했다.

"이 사장의 맞선 서비스는 앞으로 많은 고민과 조사를 거쳐야 할 것 같아. 그리고 베타 서비스를 통해서, 고객의 의견과 만족도를 파악해서, 정말 고객에게 사랑받는 맞선 서비스가 되었으면 좋겠어.

잠깐 쉬고, 다음 강의 진행할게…."

언제나 고객을 위하여

오후 6시가 넘어서도 그룹 멘토링이 계속되자, 멘티들은 배도 고프고, 졸음도 오기 시작했다. 나이가 들수록 의자에 앉아서 10분 이상이 되면 졸음이 오는 것은 어쩔 수 없는 일인 것 같았다. 인원이 몇 명 되지 않은데다, 박 교수가 계속 질문을 하니, 영후는 눈을 뜬 채로 졸고 싶은 마음이었다.

"오늘 마지막 시간이니까, 집중을 하도록 합시다. 특히 김 사장은 눈을 크게 뜨고, 듣도록….

마케팅의 'STP+4P'는 고객이 누구인지를 알고, 그 고객을 위해서 무엇을 어떻게 할 것인가를 실행하는 것이 마케팅이라는 것을 표현한 말이야.

STP의 P는 고객의 마음에 자리잡기(Positioning)의 영문 머리글자라고 전 시간에 얘기했는데, 고객의 마음에 내 제품의 자리를 만들기 위해서는, 4P라는 네 가지의 P를 혼합해서 하나의 전략을 만들어야 하지.

즉 4P는 포지셔닝을 하기 위한 수단이 되는 거야.

포지셔닝은 마케팅에서도 중요하지만, 사랑을 하는 데도 중요해. 연애를 할 때, 상대방의 마음을 얻기 위해서 어떻게 해야 할까?

김 사장이 말해보게."

"저는 선을 보고 결혼했는데요, 저도 모르게 선보는 날 같이 잤는데요…."

"낄, 낄, 낄."

다른 멘티들이 영후의 엉뚱한 대답에 웃음을 터뜨렸다.

"김 사장은 포지셔닝의 달인이구먼!

고객의 마음도 짧은 시간에 얻을 수 있도록 하게. 알겠나?"

"네. 하지만 마케팅에서의 포지셔닝은 잘 안될 것 같은데요.

제 고객들은 숫자도 많고 다양하잖아요."

영후가 말했다.

"그러게, 가능한 한 비슷한 특징을 가진 사람들로 이루어진 작은 그룹을 목표 시장으로 정하라고 말했잖아.

지금부터 마케팅에서 포지셔닝하는 방법을 알려줄 테니, 졸지 말고 잘 듣도록 해.

마케팅의 원리와 사랑의 원리가 같다는 것도 명심하고….”

박 교수는 멘토링을 시작한 지 3시간이 다 되었는데도,
피곤한 기색 없이, 말을 이어갔다.

▨ 4P와 4C의 비교

사람(People)	고객(Customer)
< 4P >	< 4C >
제품(Product)	고객 가치(Customer Value)
가격(Price)	고객 측의 비용 (Cost to the Customer)
유통(Place)	편리성(Convenience)
촉진(Promotion)	커뮤니케이션 (Communication)

“앞의 표는 포지셔닝을 하기 위한 도구인 4P와 4C를 비
교한 것인데, 이 표가 의미하는 것은 무엇일까?

김 사장이 말해 보게.”

“아이고…, 교수님, 왜 저만 시키십니까?”

영후가 불만 섞인 표정으로 말했다.

“영어는 김 사장이 잘하잖아?”

“음…, 4P는 공급자의 입장에서 마케팅 전략을 세우기 위
한 네 가지 도구를 말하는 것이고, 4C는 고객이 각각의 4P
를 어떻게 이해하고 있는가를 보여주는 표인 것 같습니다.”

“그래, 그렇다면 제품의 품질은 어떻게 해야 할까?”

“그거야 품질을 좋게 해야 되겠죠. 하지만 그렇게 되면
원가가 높아져서 가격이 올라가는데요.”

"그러면, 자네는 어떻게 할 건데?"

"품질은 좋게 하지만, 가격은 올려야죠."

"가격을 올리면, 고객이 싫어해서, 구매를 포기할 수도 있는데…?"

"그거야 어쩔 수 없죠. 손해 보면서 팔수는 없으니까요. 전 그렇다고 해서, 품질을 거지같이 하는 성격은 아니거든요."

"가격과 품질과의 관계는 연애할 때를 생각해 보면 답을 알 수 있지.

내 고객의 특성에 따라 다를 수 있어.

하지만 고객이 원하는 품질을 최소한 맞추는 선에서 가장 낮은 가격으로 공급해야 해. 왜냐하면 고객이 그것을 원하기 때문이지.

모든 마케팅 전략은 고객이 원하는 것을 맞추어야 하는 것이잖아?"

"질문 있는데요.

그럼 낮은 가격과 좋은 품질, 유통도 편리하게 하고, 프로모션도 많이 하면, 고객은 좋겠지만 공급자는 망하는 것 아닌가요?"

영후가 물고 늘어졌다.

"김 사장, 자넨 아직도 마케팅을 이해하지 못하고 있는 것 같은데….

자네가 결혼을 하려고 하는데, 자네의 조건이 마음씨 착한 것 말고는 좋은 게 없다면, 어떻게 해야 하겠나?"

"뭐…, 외제차를 빌려가지고 나가서, 돈이 있는 것처럼 행동하면 넘어오지 않을까요?"

"사기를 치겠다는 건가? 그렇게 되면 결혼을 하더라도 금방 들통이 나겠지.

그렇게 하면 안 되고….

자신의 강점을 가지고 상대를 설득해야 되는 거야.

마케팅에 있어서도 자신의 4P에서의 강점을 고객에게 설득해야 하는 거지.

한 가지 명심할 것은 자신의 고객에 대해서 잘 알고 있으면, 그것에 맞는 전략을 세울 수 있다는 거야.

예를 들면, 오 사장의 고객들은 레이스 제품의 가격에는 별로 신경을 쓰지 않고, 디자인과 품질이 좋다면 구매를 할 거라고….

따라서 그런 경우에는 오히려 가격을 올리는 것이 좋은 전략이 될 거야.

다음으로, 유통 전략은 어떻게 해야 할까?

조빛나 사장이 말해 보세요."

"아시다시피 저는 1~2인 가구를 위한 도시락 배달 서비스를 하려고 하는데, 제 서비스를 알리는 것도 쉬운 일은 아닌 것 같습니다.

전 현재 '빛나의 도시락 즐기기'라는 블로그를 운영하고 있는데, 블로그 이웃들이 점점 늘어나서, 하루 6~7백 명 정도 방문하고 있는데, 너무 감사하게 생각하고 있어요.

하지만 아직 구체적인 유통 채널을 확정하지 못해서 고민하고 있습니다.

교수님께 개별적으로 지도를 받아야 할 것 같습니다."

"블로그를 운영하는 것은 아주 잘한 일인 것 같아요.

도시락 배달 서비스의 핵심은 도시락 맛 등의 품질 및 가격 면에서 고객을 만족시켜야 하겠지만, 정해진 시간 안에 배달이 되어야 하니까, 배달 시스템이 잘 갖춰져 있어야 할 거야.

따라서 4P에서의 유통은 구매할 수 있는 장소 또는 고객에게 택배로 보내는 것을 의미하니까, 당연히 고객은 편리하면 되는 것이지.

하지만 창업자에게는 자신의 유통망을 갖추는 것이 어렵기 때문에, 다른 유통 채널이나 택배를 이용할 수밖에 없어. 즉 창업자의 원가가 높아질 수 있다는 거야.

다음으로 촉진 전략에 대해서 고 사장이 말해 보겠나?"

"네. 저는 화학 소재를 대기업에 납품하는 일을 하고 있는데, 영업을 깔끔하고, 열심히 하는 것이 촉진 전략이 아닌가 생각합니다.

예를 든다면, 업체를 방문할 때, 미리 전화로 약속을 하고, 깔끔한 복장과 세련된 매너로 제 제품을 설명함으로써, 고객에게 좋은 인상을 줄 수 있도록 노력하고 있습니다."

"그래? 고 사장은 영업을 잘하고 있는 것 같은데, 촉진의 의미를 알고 있나?"

"음…, 제품을 잘 팔 수 있도록, 고객에게 좋은 인상을 주는 것도 포함되는 것이 아닌가요?"

"그래, B2B 거래를 할 경우에, 고객에게 좋은 인상을 주는 것은 거래를 촉진시킬 수는 있을 거야. 하지만 고객이 고 사장에게 원하는 것이 따로 있다면, 그 거래가 성사될 수 있다고 생각하나?"

"죄송합니다. B2B 거래에서는 촉진의 정확한 의미를 잘 모르겠습니다."

"그렇다면 B2C 거래에서는 촉진의 의미가 뭔지 알고 있나?"

"네, 한시적인 가격 할인 등으로 구매를 유도하는 거라고 알고 있습니다."

"맞아. B2C 거래에서의 촉진이란 한시적 가격 할인, 증정품, 경품권 증정 등으로 오늘 즉시 고객의 지갑을 열게 하기 위한 전략을 말하는 거야.

하지만 B2B 거래에서는 고객이 품질, 유통, 가격에 대해서, 만족을 하고 있음에도 불구하고, 구매를 망설이는 경우에, 고객이 내 제품을 구매하도록 하는 것을 의미하지. 이해가 가나?"

"대부분의 경우에는 고객이 품질과 가격에서 만족하고 있고, 납기 등 유통에 대해서 문제가 없다면, 납품이 이루어지는데요…."

"그렇다면 문제가 없겠지만, 담당자가 그전에 거래하던 업체와 거래를 계속하고 싶다거나, 거래를 해야 되는 이유가 있다면, 어떻게 할 텐가?

내 말은 담당자나 그 윗선에서 구매를 망설이는 이유를 알아서, 그것을 해결해 주라는 말이야.

저녁식사라도 하면서 이유를 알아보라는 거야…."

"네, 잘 알겠습니다."

"어차피 창업자는 4P 중에서 가격, 유통 및 촉진에서는 기존 기업에 비해서 불리할 수밖에 없어.

그렇다면 창업자가 강점으로 가질 수 있는 것이 무엇이겠나?

이상열 사장이 말해봐…."

"제품이 아닐까요?"

"그렇지. 창업자는 4P 중에서 유리한 것이 없지만, 그 중에서 제품이나 서비스를 기존 기업보다 잘 만들 수는 있을 거야. 하지만 창업자가 제품에서 강점을 갖고 있다고 하더라도, 제품 외의 다른 요소들을 적절하게 선택하지 않으면, 마케팅 전략이 잘못될 수도 있는 거고…."

다시 말하면, 제품 외의 다른 요소인 가격, 유통, 촉진을 제품 전략과 적절한 조화를 이루도록 해야 한다는 거야. 즉 제품 외의 다른 요소가 '제품'이라는 강점을 보완해야 하고, 그 강점을 없애는 정도가 되어서는 안 된다는 거야.

이해가 가는지 모르겠구먼.

요약을 하고, 멘토링을 마치자고, 배도 고프잖아?"

"이번 시간에 논의한 내용을 요약해 볼게….

첫째, 포지셔닝은 고객의 마음을 얻기 위한 것인데, 포지셔닝을 하기 위해서는 마케팅 전략이 필요하다.

둘째, 마케팅 전략은 4P의 네 가지를 혼합한 패키지인데, 오늘날에는 4P가 아닌, 4C라는 고객의 입장에서의 마케팅 계획이 수립되어야 한다.

셋째, 창업자는 4C의 요소 중에서 자신의 강점을 활용하고, 다른 요소를 보완한 적절한 마케팅 전략을 수립해야 한다.

이상."

박 교수와 멘티들은 '청담동 갈매기살'에서 갈매기살과 된장찌개로 식사를 했고, 몇 병의 소주를 나누어 마셨다.

11시 경에 자리에서 일어난 박 교수는 계산을 하려고 카운터에 갔다.

"손님, 저기 젊은 여자 분께서 계산을 마치셨는데요…."
주인이 오혜진 사장을 가리키며 말했다.
"이런! 내가 계산하기로 했는데…."
박 교수가 중얼거렸다.

혁신과 마케팅

  박 교수가 있는 D대학교에서는 밤늦게까지 학술제가 진행되고 있었다. 학술제의 꽃인 페스티벌에서는 유명한 아이돌 가수들이 노래와 춤으로 분위기를 달구고 있었다.

  박 교수는 자신의 연구실에서 내일로 예정된 그룹 마케팅의 파워포인트 자료를 들여다보고 있었다. 이번 달의 주제는 '시장에 맞는 마케팅'이다.

  박 교수는 가끔씩 자신의 실패한 사업을 생각하곤 했고, 그 때마다 언제나 미련 같은 것이 남았다.

  '내가 지금만큼만 마케팅을 알았다면, 사업에 실패하지는 않았을 거야!'

  10월의 그룹 멘토링이 시작되었다.

"지난 주 추석 명절 잘 지냈나요? 모두 얼굴이 좋아 보이는데….

김 사장도 잘 지냈지?"

"네, 오랜만에 가족들이 모여서 좋은 시간을 보냈습니다. 교수님도 잘 지내셨죠?"

"그래, 가족들과 성묘도 가고, 경포대와 하조대도 둘러봤어. 10년 만에 갔더니 많이 바뀐 것 같아. 인생도, 사랑도, 마케팅도 언젠가는 변하는 것이 아닐까?

그건 그렇고….

오늘은 창업자가 혁신적인 제품으로 마케팅을 할 때, 만나게 되는 고객의 유형과 초기 시장에서의 마케팅 전략 및 큰 기업으로 성장하기 위한 전략에 대해서 알아보도록 합시다."

▧ 혁신 제품을 시장에 출시할 때 만나게 되는 고객의 유형

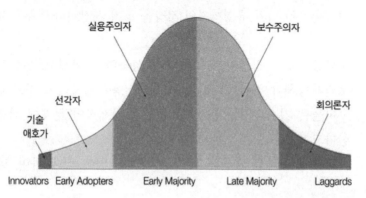

"앞의 그림은 혁신적인 제품을 시장에 출시할 때 만나게 되는 고객의 유형을 나타내고 있어.

창업자가 시장에 들어가면 기술 애호가, 선각자, 실용주의자라는 고객 집단을 순서대로 만나게 되지.

먼저, 기술 애호가는 혁신 제품을 사는 이유가 '그냥 좋아서'이고, 그냥 쿨(Cool)하게 구매를 한다고 해. 기업체의 연구원이나 새로운 것을 보면 못 참는 사람들이겠지….

시장에서의 비율은 약 2.5%야.

그 다음의 선각자는 오피니언 리더로서의 역할도 수행하고, 소득이 많고, 교육 수준도 높기 때문에 초기 시장 성공의 열쇠를 쥐고 있지. 이들 고객의 신제품 구매는 주로 개인적, 경제적, 전략적 목적을 달성하기 위한 것이고, 시장의 약 13.5%를 차지하고 있지.

창업자가 혁신적인 제품으로 시장에 들어가면, 기술 애호가와 선각자의 순서대로 성격이 상이한 고객들을 만나게 되고, 이런 두 가지 유형까지의 시장을 초기 시장이라고 부르지.

다음으로는 창업자가 마케팅에 성공하기 위해서, 반드시 포지셔닝해야 하는 고객 그룹인데, 실용주의자라고 부르지.

이들은 기술 자체에는 관심이 없고 실제적인 문제에 집중한다고 해.

검증된 결과를 요구하고, 성공 사례를 알고 싶어 하며, 남들이 많이 구매하는 제품인지를 알고자 하지. 즉 남들이 구매해야 구매하겠다는 거지.

시장의 약 34%를 차지하고 있는 매우 큰 시장이야.

그 다음 두 그룹의 고객은 창업자가 신상품을 출시하는 경우에는 몰라도 되지만, 간략하게 알아보도록 하자고….

후반기 시장의 약 34%를 차지하는 보수주의자는, 주로 위험을 회피하고자 하는 소비자가 많고, 대부분 가격에 민감하지.

마지막으로 시장의 약 16%를 차지하는 그룹은 회의론자야. 이들은 신기술이나 혁신 제품에 대하여 매우 부정적인 입장을 취하고 있고, 의심이 많아.

남들이 다 구매를 하더라도 구매를 잘하지 않는 사람들이야."

물 한 잔을 마시고, 박 교수는 혁신(Innovation)의 개념에 대하여 이야기를 시작했다.

"그런데 창업자는 왜 혁신적인 제품으로 시장에 뛰어들어야 할까?

또 기존 제품을 개선한, 차별화된 제품으로 기존 시장에 뛰어든다면 어떨까?

홍 사장이 한 번 얘기해 봐. 과거에 이에 관한 경험이 있는 것 같은데…."

"네. 교수님. 저는 우연한 기회에 '도시락 김'이라는 아이템으로 시장에 뛰어들었던 경험이 있습니다. 그 당시에 도시락 김은 기존 제품과는 상당한 차별성이 있었습니다. 고객에게 '편리함'이라는 가치를 줬습니다.

또한 그 당시 '도시락 김' 시장에는 대기업 등 위협적인 경쟁자가 없었습니다. 틈새 시장이었던 겁니다. 따라서 강력한 경쟁자가 없는 시장에서, 차별화된 제품으로 시장에 진입해서 어느 정도의 성공을 거둘 수 있었습니다."

"그렇지. 홍 사장은 혁신적인 제품으로 마케팅을 해서 단기적인 성공을 이룬 경험이 있다고 들었어.

홍 사장은 강력한 경쟁자가 없었던 틈새 시장을 선택했고, 상당히 차별화된 제품으로 그 시장의 고객들에게 만족을 줄 수 있었던 거야. 창업자는 강한 경쟁자가 없는 시장에서 혁신적인 제품과 방법으로 마케팅을 해야 성공할 수 있는 거야.

피터 드러커(Peter Drucker) 교수는 오늘날의 비즈니스에는 두 가지가 가장 중요한데, 그것은 마케팅과 혁신이라고 했지. 특히 혁신은 마케팅에 있어서 매우 중요한 요소라고 했어. 따라서 창업자는 혁신적인 제품으로 마케팅을 해야만 성공할 수 있다고 할 수 있지.

문제는 '어떤 것이 혁신적인 것이냐?' 하는 것인데…. 혁신이라는 말은 알고 있지?

이상열 사장이 혁신의 개념에 대해서 말해 주겠나?"

"혁신이란 기존과 다른, 새로운 방법, 새로운 제품으로 마케팅을 해서 돈을 버는 것입니다."

"맞아. 하지만, 인간은 신이 아니기 때문에 전혀 새로운 것을 창조할 수는 없지만, 고객으로부터 새로운 것이라고 인정받을 수 있는 정도의 새로운 제품을 만들 수는 있지.

어찌 보면 혁신적인 제품과 차별화된 제품의 경계는 구분이 모호하다고 할 수 있지.

난 고객이 기존과는 여러 가지 면에서 다르다고 느끼는 정도의 제품이라면, 혁신적인 제품이라고 생각해. 즉, 혁신적이냐 아니냐의 구분을 고객들이 해야 한다는 말이야.

앞으로 '혁신 마케팅'이라는 용어는 '고객이 혁신적이라고 생각하는 제품의 마케팅'이라고 정의하는 것으로 하자고…."

"질문이 하나 있는데요? 창업자들은 혁신적인 제품으로 마케팅을 해야만 성공할 수 있는 건가요?"

오혜진 사장이 질문을 했다.

"좋은 질문이야. 질문의 내용이 '혁신적인 제품이 아니더라도 성공할 수 있는 것이 아니냐?'는 것이지?"

"네. 그렇습니다. 그다지 특별하지 않은 제품으로도 성공하는 사람들이 있는 것 같아서요…."

"어떤 창업자가 고객이 그다지 혁신적이라고 느끼지 못하는 제품으로, 대기업이나 강력한 기존 중소기업이 장악하고 있는 시장에 들어갔다고 가정을 해 보자고. 어떤 일이 벌어

질까?

김 사장이 말해 보게."

"뭐…. 오랜만에 쉬운 질문을 하시네요. 보나 마나 아니겠습니까? 날 샌 거죠."

"답은 다 알고 있을 거야. 창업자가 들어가는 시장은 전쟁터와 같은 거야. 상대가 힘이 셌다는 둥, 그런 전략을 쓸 줄 몰랐다는 둥, 운이 없었다는 등의 변명은 싸움에 진 창업자에게 아무런 도움이 되지 않는 거야.

이순신 장군이 자신의 부족한 자원을 가지고도 모든 싸움에서 이길 수 있었던 것은 질 싸움을 하지 않았기 때문이야.

전쟁이란 피할 수만 있다면 하지 않는 것이 가장 좋지. 하지만 우리는 이순신 장군의 경우와 같이, 반드시 싸워야만 하는 경우를 만나게 되거든….

이러한 경우에는 어떻게 해야 할까?

이순신 장군은 장소, 시간 등 전쟁의 승패에 영향을 미치는 요인들을 자신에게 유리하게 만들고, 치밀하게 계산을 해서, 이길 수 있다는 판단이 섰을 때에만 전투에 임했다는 거야.

전쟁이 자신에게 유리하지 않다면, 전쟁터와 싸우는 시기를 자신에게 유리하게 만들거나, 그런 조건이 될 때까지 기다리는 거야.

그 다음에, 반드시 이기기 위해서 상대방의 허점을 이용하거나, 약점을 알아내서, 그 부분을 집중 공략하는 전략을 쓰는 것이지.

영화 '명량'에서도 이순신 장군의 고뇌하는 모습이 많이 나오잖아?

아마 이기기 힘든 싸움을 이기기 위해서, 전투의 시나리오를 수십 번씩 생각하고, 고민해 보는 것이 아니겠어?

창업자는 혁신적이지 않은 일반적인 제품으로는 성공하기 어려워.

동네에서 음식 장사를 하는 경우를 생각해봐도, 기존의 제품과 차별화된 '어떤 것'이 없다면, 성공할 수 없는 거야.

그리고 차별화를 포함한 혁신은 제품의 주요한 기능에 대한 것이어야 해.

고객이 음식점에 가서 어떤 음식을 선택했을 때, 고객이 놀랄 정도의 맛을 포함하는 어떤 것이 있어야 한다는 거지.

난 은퇴한 50~60대가 목이 좋다거나, 놀 수는 없다는 생각으로, '혁신과 마케팅'을 이해하지 못한 채 음식점이나 사업을 하는 경우가 많은데….

너무나 안타까워!

말렸어야 하는데 말이야!

또 하나, 너무나 당연한 것이지만, 창업자가 제품을 양산하기 전에, 이길 수 있는 마케팅 전략을 세우고, 그 전략으로 이길 수 있는지를 꼼꼼하게 챙겨야 해. 그리고 승리할

수 있다는 자신감이 있을 때, 제품을 양산하고, 제품을 출시
해야 하지.

만약 그렇게 하지 않으면, 창업자는 제품이 잘 팔리지 않
아서 낭패를 볼 수 있거든….”

박 교수는 물을 한 잔 마시고, 다시 멘토링을 진행했다.
“지금부터는, 창업자가 어떤 전략으로, 초기 시장에서 성
공할 수 있는지를 알아보도록 하자고….

초기 시장이 무엇이고, 어떤 고객이 있는지 알고 있겠지?

조빛나 사장이 말해 주겠나?”

“초기 시장은 창업자가 혁신적인 제품을 출시할 때, 만나
게 되는 시장을 말하고, 기술 애호가와 선각자라는 고객 집
단을 순서대로 만나게 됩니다. 그리고….”

“됐어. 역시 조빛나 사장은 무엇을 물어봐도 대답을 잘하
는군….”

박 교수가 조빛나 사장을 칭찬했다.

“다음 그림은 창업자가 혁신적인 제품을 출시할 때 만나
게 되는 초기 시장과 ‘캐즘’이라는 장애물을 극복하고, ‘매출
폭발’을 통해서 성공하는 경로를 나타내고 있어.

먼저 창업자가 혁신적인 제품을 출시할 때 만나게 되는
초기 시장 전략에 대해서 설명할게.

▨초기 시장 및 장애물(캐즘)과 매출 폭발

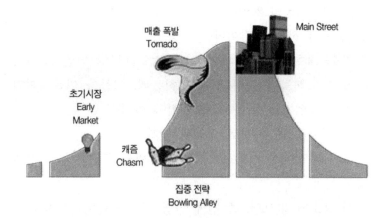

혁신적인 제품으로 초기 시장에서 만나는 고객 집단은 기술 애호가와 선각자야.

혁신적인 제품을 출시하고, 기술 애호가에게 제품의 출시를 알렸음에도 불구하고, 기술 애호가들이 제품을 구매하지 않는다면, 그 이유가 무엇일까?

기술 애호가를 만족시키지 못했다는 말일 텐데….

고 사장이 말해 보지.”

“기술 애호가들은 제품이 혁신성이 있다면, 제품이 완벽하지 못하더라도 구매를 합니다. 따라서 그들조차 구매하지 않는다는 것은 제품에 놀랄 만한 요소나 재미있는 요소가 없다는 거죠. 아니면, 제품의 혁신성을 공급자가 잘 설명하지 못했을 수도 있겠죠.”

"맞아. 제품의 혁신성이란 정말 중요한 거야. 이것이 없으면, 전체 시장의 2.5% 정도의 고객도 확보하지 못하고, 문을 닫아야 하니까 말이야….

기술 애호가들의 구매가 어느 정도 마무리되면, 선각자 그룹의 고객들이 구매를 해야 하는데, 그들을 만족시키기 위해서 창업자는 어떤 전략을 써야 할까?

그 전략을 네 가지로 요약해 볼게.

초기 시장에서 성공하기 위한 첫 번째 조건은 '혁신성의 충족'이야.

이 요소가 없으면, 좀 전에 설명한 바와 같이 첫 번째 고객인 기술 애호가에게 조차도 판매할 수 없지.

혁신성이란 감탄할 정도로 대단한 제품의 요소, 즉 기술적, 기능적 요소이거나 디자인 등의 요소로, 그동안 충족되지 않았던 고객의 욕구를 채워 주는 것을 말하지.

두 번째는 '포지셔닝 전략'인데, 포지셔닝이란 말은 이미 다 알고 있잖아?

제품에 대한 선각자들의 인식을 공급자가 원하는 방향으로 유도함으로써, 매출을 향상시키는 것을 말하지. 즉 선각자가 제품에 대하여 원하는 것이 무엇인지를 알고, 그것에 맞는 마케팅 전략을 실행해야 한다는 거야.

세 번째로 '입소문 마케팅'이야.

제품을 사용해 본 선각자들이 스스로 제품의 장점을 발견하고, 기꺼이 지인에게 소개하도록 유도하는 전략을 말하지.

마지막으로, 초기 시장에서 성공하기 위해서는 '두려움과 의심 및 불확실성'을 제거하는 것이 필요해. 즉, 고객이 제품이나 서비스를 구매할 때 가질 수 있는 장애 요인을 제거해 줘야 하는 거야.

여기에서 두려움이란 새로운 기술에 대한 학습, 추가적 비용 부담 등에 대한 것이고, 의심은 작동이 잘되는지, 속도나 안정성에 문제가 없는지 등 제품의 기능적 측면의 의심을 말하는 거야.

다음으로, 불확실성은 제품 사양이 표준 제품이 될 수 있는지, 서비스가 안정적, 지속적으로 잘될 수 있는지 등에 대하여 확신하지 못하는 것을 말하지.

여기까지의 내용을 요약해 보면, 창업자는 초기 시장에서 성공하기 위해서, 고객에게 혁신성을 충족시킬 수 있는 제품으로, 고객이 제품이나 서비스를 구매할 때 가질 수 있는 장애 요인을 제거하고, 선각자를 포지셔닝해서, 입소문을 유도하는 전략을 써야 한다는 것이야.

이해가 가나? 김 사장?"

졸고 있는 영후를 보고, 박 교수가 질문을 했다.

"아…, 네.

저는 안 졸고 잘 듣고 있습니다. 하지만 잠시 쉬고 하면 더 효율적일 것 같습니다."

"아니야. 저번에는 3시간도 넘게 진행을 해서 괴로웠겠지
만, 오늘은 2시간 정도만 하려고….

그러니까 조금만 더 하고 쉬자고…."

박 교수는 캐즘과 매출 폭발에 대해서 설명을 계속했다.

"시장의 약 16%에 해당하는, 기술 애호가와 선각자 그룹
에서 구매가 이루어졌다고 해서 안심해서는 안 돼. 즉 초기
시장에서의 성공이 언제나 전기 다수 시장의 실용주의자에
게로 연결되지는 않는다는 거야.

그 이유에 대하여 실리콘 밸리의 컨설턴트였던, 무어
(Moore)는 초기 시장과 전기 다수 시장 사이에 큰 틈이 존재
하기 때문이라고 했고, 그 틈을 캐즘(Chasm)이라고 했어.

요즘에는 죽음의 계곡(Death Valley)이라고 부르기도 하지.

그렇다면 캐즘은 왜 생길까?

오 사장이 말해 보겠나?"

"네, 그 이유는 초기 시장의 주역인 선각자와 전기 다수
시장의 실용주의자 사이에는 커다란 괴리가 존재하기 때문
입니다.

창업자가 초기 시장에서 기술 애호가나 선각자를 상대로
하는 마케팅은 실용주의자에게는 효과를 발휘하지 못하는
것입니다."

"그래, 그래….

역시 오혜진 사장이야!

초기 시장에서 매출이 더 이상 늘어나지 않는다면, 창업자는 캐즘에 빠져 있는 거야.

따라서 그 창업자는 마케팅 전략을 실용주의자에게 맞춰야 하는 거지.

무어는 캐즘을 극복하기 위해서 '집중'이 필요하다고 강조했어. 즉 캐즘을 극복하는 첫 번째 전략은 먼저 하나의 틈새 시장에서 기술 창업자의 모든 힘을 집중하여 마케팅을 실행하는 것이지. 물론 실용주의자에게 맞는 마케팅 전략이어야 하겠지.

무어는 이러한 전략을 '볼링 앨리(Bowing Alley)'라고 했어. 볼링을 할 때 한두 개의 표적 핀을 힘차게 쓰러뜨려 스트라이크를 만들어 내듯이, 자신이 목표로 정한 틈새 시장에 마케팅을 집중하라는 것이지.

두 번째로, 창업자는 목표 시장 고객의 구체적인 필요를 파악하고, 이를 만족시킬 수 있는 '완전한 제품'을 고객에게 판매해야 한다는 거야.

창업자는 자신의 제품을 고객의 요구에 완벽하게 맞춘, 그야말로 완전한 제품을 만들어야만 실용주의자를 만족시킬 수 있고, 전기 다수 시장에서 좋은 실적을 낼 수 있거든….

또한 전기 다수 시장의 고객이 원하는 경우에는 부가적인 제품, 무료 교육 등의 서비스도 제공해야 하는 것은 물론이고….

즉, 창업자는 전기 다수 시장의 실용주의자를 완벽하게 만족시켜야 성공할 수 있다는 거야.

그렇게 하면, 창업자는 '매출 폭발'을 경험하게 되는데, 무어는 이것을 '토네이도(Tornado)'라고 표현했지.

이때는 창업자가 미리 준비를 해 두지 않으면 쏟아지는 주문을 잘 소화해 낼 수 없는 지경이 될 거야.

토네이도가 왔을 때, 창업자는 주문과 배송을 잘 소화하고, 점유율을 높이기 위하여 최선을 다해야 해.

이 시기에는 고객의 다양한 요구를 제품에 반영할 여유가 없으며, 제품의 표준화와 단순화를 통하여, 자신의 제품을 확산시키고, 보급시켜야 하지.

김 사장은 이런 기회가 오면, 잘 잡을 수 있겠나?"

"네, 저는 기회가 오면 놓치지 않을 자신이 있습니다. 사랑이나 마케팅이나, 기회를 놓치면 돌이킬 수 없는 후회를 하게 된다는 것을 뼈저리게 체험했거든요…."

"그래, 그래… 그래야지!

나도 김 사장이 잘할 수 있으리라고 생각해. 정말 이번에도 기회를 못 잡으면 끝이라고 생각해야 해!

나는 창업자가 매출 폭발을 경험하지 못하면, 성공한 것이 아니라고 봐!

　만약 성공하지 못하면, 창업자는 고통 속에서 신음하다 결국 사업을 접을 수밖에 없게 되거든….”

어떻게 마케팅을 해야 할까?

10월 그룹 멘토링의 두 번째 시간이 시작되었다. 이 시간은 스타트업 마케팅에 대한 그룹 멘토링의 마지막 시간으로, 창업자들이 자신이 직면하는 시장에 따라, 어떻게 마케팅을 해야 하는지를 알아보는 시간이다.

"일반적인 마케팅과 스타트업 마케팅과는 차이점이 있는데, 그것이 무엇인지 얘기해 볼까?
김영후 사장부터 돌아가면서 말을 해 보도록…."
박 교수가 질문을 시작했다.
"에… 또, 그러니까, 창업자는 자산이 적기 때문에, 목표 시장을 아주 작게 정해서, 그 시장에 집중해야 합니다."
영후가 말했다.

"그렇지. 작은 틈새 시장에 집중해야지. 그래야 성공 확률이 높아지거든….

다음…."

"일반적인 제품이 아닌 차별적이고, 혁신적인 제품으로 승부해야 합니다. 창업자는 일반적인 제품으로는 성공할 수 없습니다."

기태가 말했다.

"맞아. 기존의 제품을 개선하는 것은 대기업의 연구실에서 늘 하고 있는 일이니까. 그들을 이길 수는 없을 거야.

다음…."

"창업자에게 맞는 마케팅 전략을 실행해야 합니다. 그리고 효율적으로 마케팅을 실행해야 합니다. 특히 온라인 마케팅이나 모바일을 적극 활용해야 합니다."

오혜진 사장이 말했다.

"좋은 지적이야. 창업자들은 광고나 홍보 등 돈이 많이 드는 마케팅에서는 실패하는 경우가 많잖아. 하지만, 블로그 등을 활용하는 SNS 마케팅에서는 상대적으로 좋은 성과를 보이는 경우가 많지.

문제는 창업을 할 때 마케팅을 위해서 어느 정도의 돈이 필요하다는 것이고, 그 돈을 효율적으로 활용할 수 있는 방법을 고민해야 한다는 거야.

다행스러운 것은 정부에서 창업자들이 마케팅에서 어려

움을 겪고 있다는 것을 알고, 지원을 하고 있다는 거야.

기업마당의 비즈인포(Bizinfo) 서비스를 매일 확인해 보도록 하라고….

다음은 고승필 사장 차례인가?"

"네. 앞에서 좋은 말씀을 다 하셨는데, 저는 창업자가 해외 시장에 주목해야 한다고 생각합니다. 남한의 면적은 약 10만 km²이고, 세계 100위권 밖인데, 인구는 5천만이 넘습니다. 경쟁이 너무나 치열한 시장입니다. 따라서 창업자들은 우리나라에서는 시장이 작거나 없지만, 다른 나라에는 시장이 있는 상품을 가지고, 시장을 개척할 수 있다고 봅니다."

"좋은 얘기야. 우리나라에서 사업을 하는 것은 참 힘든 일인 것 같아. 하지만 창업자들은 내가 유리한 장소에서, 내가 유리한 시간에 사업을 시작할 수는 있잖아?

나에게 유리한 장소가 인도네시아나 몽골이라면, 그곳에서 사업을 하는 것이 성공 확률이 높지 않겠어?

일반적인 마케팅은 주로 대기업을 중심으로 하는 것이라고 말할 수 있어. 일반적인 마케팅은 돈이 얼마나 드는가에 관계없이 가능한 모든 방법을 얘기하고 있지. 하지만 창업자들에게는 돈이 많이 드는 마케팅은 선택할 수가 없으니까, 일반적인 마케팅 방법이나 전략을 이해했다고 하더라도, 그야말로 '그림의 떡'인 거지.

다음은 우리 조빛나 사장 차례지…."

"네. 그런데 앞에서 대부분 좋은 말씀들을 하셔서, 남은 것이 별로 없는 거 같은데요….

창업자는 제품이나 관리보다는 마케팅에 집중해야 한다고 생각합니다. 마케팅이 안되면 사업을 계속할 수 없기 때문입니다."

"맞아. 좋은 지적이야. 창업자에게는, 마케팅이 잘되지 않으면, 사업시스템에서 돈이 마르게 되잖아?

이상열 사장은 스타트업 마케팅에 대해서 할 얘기가 있나?"

"네. 저는 초기에 마케팅을 하는데, 많은 돈이 들어갈 것 같아서, 창업자는 자금 조달을 차질 없이 잘 실행해야 한다고 생각합니다."

"맞아. 이 사장의 경우에는 서비스가 독특하고 우수하더라도, 알려질 때까지 시간이 많이 걸린다는 약점이 있다는 게 문제야.

하여튼 모두 좋은 지적을 해줬어…."

박 교수는 물을 한 모금 마시고는, 멘토링을 계속했다.

"마지막으로 마케팅을 '시장의 불확실성'과 '제품(서비스)의 혁신성'에 따라 네 가지 유형으로 분류하고, 각자의 시장에서 창업자가 어떻게 마케팅을 해야 하는지 알아보기로 하자고….

이것만 끝내고, 좋은 곳으로 술 한 잔 하러 가자고.
오늘은 각자 부담하기로 하고…."

▨ 스타트업 마케팅의 분류

당신은 어떤 마케팅을 해야 하는가?

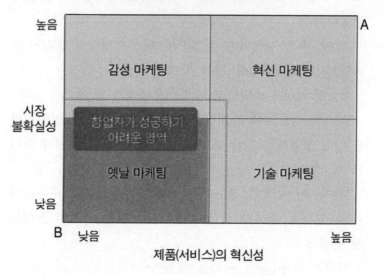

"먼저 시장 불확실성과 제품의 혁신성이 모두 낮은 '옛날
마케팅'은 소위 전통적 마케팅이라는, 소비재 중심의 시장
에서의 마케팅을 말하지.

여기에서 시장 불확실성이 낮다는 것은 시장이 확실하다,
즉 시장이 확실히 있다는 것을 말하는 거야.

이러한 전통적 마케팅에 해당하는 상품 중에서 소비자의

다양한 기호와 복잡한 욕구가 형성되어 시장의 불확실성이
증대되는 경우에는 감성 마케팅이 필요하게 되는 거야.

감성 마케팅은 의류나 패션 등의 각종 디자이너 제품과
엔터테인먼트 산업, 영화, 공연, 문화 산업, 스포츠 산업 등
에서 필요한 마케팅을 의미하지.

예술이나 문화, 공연, 디자인 등에서의 새로운 창작인 경
우에는 대중이 이해하기 힘들고, 소수의 마니아 층만이 이
해하게 되니까, 처음에는 시장이 작다고 할 수 있고, 시장
불확실성은 크다고 할 수 있어. 하지만 이러한 새로운 창작
이 시장을 형성하게 된다면, 시장은 점점 확실하게 되면서,
기존 시장 쪽으로 이동하게 되겠지.

이 시장에서는 시대적 트렌드를 정확하게 읽어내는 능력,
소비자의 반응을 예측하는 능력, 상품 디자인 능력 등이 창
업자가 갖춰야 할 마케팅의 핵심 요소라고 할 수 있어.

기술 마케팅은 새로운 암 치료제 등의 제품과 같이, 기술
적인 수준이나 혁신성이 높지만, 일단 개발이 되고 임상을
거쳐 판매가 가능한 때에는 시장 불확실성이 낮아져서 비교
적 마케팅이 쉬운 경우를 말하는 거야.

이 시장에서는 제품에 대한 소비자의 신뢰를 높여 주는
것이 마케팅의 핵심이 되겠지.

마지막으로 혁신 마케팅은 제품 또는 서비스의 혁신성과
시장 불확실성이 모두 높은 경우의 마케팅 유형이야. 과거

에는 없었던 새롭고 혁신적인 제품이나 서비스를 판매하고자 하는 경우에는, 이러한 혁신성이 소비자의 욕구를 만족시켜줄 수 있어야 하고, 제품이나 서비스에 대한 고객의 시장 반응을 파악해서 장애요인을 제거하는 등의 초기 시장 전략과 캐즘 극복 전략으로 고객을 만족시켜야 하지.

스타트업 혁신 마케팅 전략에 대해서는 전 시간에 설명을 했어….

또한 스타트업 혁신 마케팅 전략은 감성 마케팅과 기술 마케팅에서도 사용할 수 있지.

결국 창업자는 시장에 따라서 전통적인 마케팅 전략과 혁신 마케팅 전략을 적절하게 혼합한 마케팅 전략을 구사해야 한다는 거야.

창업자는 네 가지 유형의 시장 중에서 하나의 시장에서 자신의 제품이나 서비스로 마케팅을 하게 되겠지.

창업자는 그 시장에서 자신의 제품이나 서비스가 고객의 욕구를 어떻게, 그리고 얼마나 많이 충족시키느냐에 따라서 매출이 결정되고, 돈도 벌 수 있게 될 거야.

따라서 창업자는 진입하는 시장에 따라서, 서로 다른 마케팅 상황에 직면하게 되고, 그 시장에 맞는 마케팅 전략을 실행해야 하는 거지.

창업자는 제품의 혁신성이나 시장 불확실성이 높은 시장,

또는 이 두 가지가 모두 높은 시장에서 좋은 성과를 낼 수 있지. 즉 창업자는 제품의 혁신성이나 시장 불확실성이 낮은 소비재 중심의 전통적인 시장에서는 성공하기 어렵다는 거야.

그러나 전통적인 시장에서도, 창업자는 아주 작은 부분이라도 기존의 틀을 부숨으로써, 품질, 가격, 서비스, 개선된 기능 등으로 소비자를 만족시킬 수는 있겠지.

그러나 대부분의 경우, 그 시장의 경쟁자인 기존 기업은 자금이나 인력 등의 자원과 시장 경험 등의 전략에서 창업자보다 경쟁 우위를 갖고 있기 때문에, 창업자가 그 시장에서 성공할 확률은 매우 낮다고 할 수 있지.

김 사장, 이해가 가나?"

"아니, 저는 졸지 않고 있었습니다.

제가 요약해 본다면, '창업자는 시장에 맞는 마케팅을 해야 합니다. 즉, 창업자는 시장에 따라 혁신 마케팅 전략을 주로 하고, 전통적 마케팅 전략으로 보완한 시장 전략으로 고객을 포지셔닝해야 한다'는 것입니다."

"와! 대단한데….

김 사장이 이 정도 이해했으면, 모두 이해한 것 같구먼.

그러면, 각자 시장에 맞는 자신의 마케팅 전략을 발표해 보도록 하자고.

각자 발표할 내용을 정리해서, 5분 후에, 고승필 사장부터 좌측으로 돌아가면서 발표하도록….”

“제 아이템은 ‘반도체 칩의 갭 필링(Gap Filling)을 위한 폴
리실라잔’입니다. 폴리실라잔은 일본의 A사가 개발해서 S반
도체 등 국내 대기업에 납품하고 있습니다. 저는 현재 일본
A사가 국내 반도체 라인에 판매하고 있는 폴리실라잔보다
효율성이 높고, 가격이 저렴한 제품을 개발해서, 일본 제품
을 대체하고자 하는 것입니다. 저는 값싸고, 품질이 저렴한
폴리실라잔이 개발되기만 한다면, 마케팅은 그다지 어렵지
않을 것으로 생각하고 있습니다.

따라서 저에게 맞는 시장 유형은 ‘기술 마케팅’입니다.

저는 S신소재 및 일본 연수의 경험과 지식 등을 통하여
고효율의 폴리실라잔을 만들 수 있고, 이 제품으로 소비자
에게 신뢰를 줌으로써 무리 없이 시장에 진입할 수 있다고
생각합니다.

기술 마케팅은 기술 제품의 마케팅이므로, 주로 혁신 마
케팅 전략을 사용하고, 필요한 경우 전통적인 마케팅 전략
으로 보완하면 될 것 같습니다.”

고 사장이 말했다.

“음, 아주 잘 이해하고 있구먼. 수고했어.

그런데, 폴리실라잔이 반도체 공정 소재로도 쓰이지만,
저농도로 만들어서, 자동차용 유리막 코팅제로도 쓰이고 있

잖아?"

박 교수가 물었다.

"네, 반도체 공정에 쓰이는 폴리실라잔은 고농도로서, 필요한 물성을 나타내야 하는데, 제조 과정에서 약간의 품질 저하만 있어도 폐기 처리됩니다. 이러한 폐 원료를 활용하여 저농도의 폴리실라잔 제품을 만들 수 있고, 그런 제품이 자동차용으로 쓰이고 있습니다. 이러한 저농도의 폴리실라잔은 저의 제조 공정에서도 나올 것이기 때문에, 이를 빌딩 외벽, 양변기, 태양전지 기판 등의 코팅용으로도 사용할 수 있을 것 같습니다."

"그래, 높은 빌딩의 외벽을 청소하기가 쉽지 않고, 화장실 청소도 힘들고, 태양전지 기판 청소도 만만치 않잖아. 이러한 겉면에 저농도의 폴리실라잔으로 코팅을 한다면, 청소하는 사람들의 일손을 엄청나게 줄여줄 것 같아.

꽤 괜찮은 시장이라는 느낌이 드는데⋯.

다음⋯."

"제 아이템은 '전통 문화 원형에 현대적 트렌드를 결합한 레이스 여성 의류'입니다. 따라서 제 아이템의 유형은, 제품의 혁신성은 다소 낮고, 시장의 불확실성은 높은 감성 마케팅에 해당합니다. 감성 마케팅은 패션 디자인 제품, 영화, 엔터테인먼트 산업 제품 등의 시장에서, 소비자의 다양한 기호와 복잡한 욕구가 형성되어 시장의 불확실성이 증대되어 있는 시장에서의 마케팅을 의미합니다.

이 시장에서의 마케팅 전략은 시장의 트렌드를 읽어냄으로써, 소비자의 다양한 요구를 만족시킬 수 있는 고객 맞춤형의 고 감성 마케팅을 실현하는 것입니다.

이 시장에서도 혁신 마케팅 전략을 주로 사용하고, 필요한 경우 전통적인 마케팅 전략으로 보완하면 될 것 같습니다."

오혜진 사장이 말했다.

"그래. 역시 오 사장은 똑 부러지는 데가 있어.

그러면 내가 문제를 하나 낼게.

감성 마케팅에서 창업자가 갖추어야 할 가장 중요한 능력은 무엇일까?"

박 교수가 오 사장에게 물었다.

"네, 미리 시장 트렌드를 읽어내는 능력이 아닐까요?

반 박자 빠른 정도의…."

"맞아. 이 유형의 시장에서는 시장 트렌드를 아주 좋은 느낌으로, 반 박자 앞서 나가면 대박 시장이 눈앞에 펼쳐질 수 있는 매력적인 시장이야.

예술적인 감각이 있는 오 사장이 잘할 것으로 믿지만, 한마디 덧붙인다면, 해외의 패션 시장 동향을 늘 분석하고, 그곳의 고객들과 함께 느끼고, 그들을 리드한다면 저절로 돈이 줄을 설 거 같아….

다음은 홍 사장 차례인가?"

박 교수가 물었다.

"네. 제 아이템은 '설탕과 물만으로, 천연 발효주 및 식초를 만들 수 있는 발효용기'입니다.

기존에는 발효주를 만들 때, 소주를 넣었지만, 제 발효용기가 개발되면, 소주를 넣을 필요가 없어지고, 제 용기로 만든 발효주로 식초를 만드는 것도 가능하게 됩니다. 또한 기존에는 천연 발효주나 발효식초를 만드는 데 걸리는 시간이 최소 6개월에서 3년 정도가 걸렸지만, 제 용기가 개발됨으로 인해서 약 1~2개월 정도면 가능합니다.

따라서 제 제품은 제품의 혁신성이 높고, 시장 불확실성이 비교적 높으므로, 마케팅 유형으로 볼 때, 혁신 마케팅에 해당한다고 생각합니다.

제 제품은 혁신성이 아주 높은 것은 아니지만, 고객에게 주는 편리함과 뚜렷한 가치가 있기 때문에 혁신 마케팅 전략을 세워서 고객에게 집중한다면, 좋은 성과가 나올 수 있을 것 같습니다."

기태가 말했다.

"지금 시제품 제작은 완료되었지?"

박 교수가 물었다.

"네, 제가 시제품을 이용해서, 솔잎으로 술을 만들어서 가져왔습니다. 멘토링 끝나고, 음식점에 가서 한 잔씩 시음하시죠."

기태가 말했다.

"어… 그래. 좋은 생각이야. 그리고 나 같은 고객들에게는 발효용기만 팔아서는 소용이 없고, 설탕과 발효물을 함께 택배로 보내 줘야 할 거 같아. 그래야 편리하게 발효주를 만들어 마시잖아?"

박 교수가 말했다.

"맞습니다. 우선 솔잎, 칡, 무화과, 인삼 등 몇 종류를 준비하고 있습니다. 문제는 돈이 많이 들어서, 걱정입니다."

"걱정 말아. 제품이 좋고, 사장이 허튼 짓을 안 한다면, 투자자들을 구할 수 있을 거야.

추후에 30대를 겨냥한 25리터 맥주 제조용 발효용기도 만든다고 했잖아?"

박 교수가 물었다.

"그렇습니다. 현재의 7리터 용기는 40~50대를 겨냥한 제품입니다. 하지만, 맥주를 만들기에는 용기가 너무 작아서, 25리터 맥주 제조용 발효용기를 검토하고 있습니다. 교수님께서 많이 도와주십시오."

"알았어. 멘토링을 10분 만에 빨리 끝내고, 한 잔 하러 가자고…

다음은 김 사장 차례지?"

"네. 제 아이템은 '가시광선 LED 융합기술을 이용한 구강 살균기'입니다.

치주 질환은 우리나라 40대 이상 성인의 80% 이상이 겪고 있는 대표적인 잇몸 질환입니다. 하지만 세계적으로 치주 질환을 예방, 치료할 수 있는 의료기기가 없습니다.

저도 잇몸이 튼튼한 편이 아니어서 불편함을 느끼고 있었고, 제가 아는 분이 칫솔 살균기에 가시광선을 사용하는 것에 힌트를 얻어서 개발을 하게 되었습니다. 저는 가시광선을 사용한 구강 살균기를 만들어 판매한다면, 큰돈을 벌 수 있다고 생각했습니다.

제 제품은 입안의 세균을 죽이는데 특정 파장의 LED Chip을 사용함으로써, 효율성이 높고, 비교적 가격이 저렴한 가정용 의료기기입니다. 현재 시제품을 제작해서, 시험 중에 있습니다.

제 제품은 제품의 혁신성이 높고, 이전에는 세상에 없었던 제품이기 때문에 시장 불확실성이 매우 높습니다. 따라서 마케팅 유형으로 볼 때, 혁신 마케팅이므로, 혁신 마케팅 전략에 따라 마케팅을 해야 합니다.

제 고객은 40대 이상의 잇몸 질환을 예방, 치료하고자 하는 분이지만, 향후 2~3년간은 국내의 60세 이상 고령층에

집중하여 마케팅을 실시하고, 이후 세계 시장을 공략해야
할 것으로 생각합니다.

제 제품은 의료기기에 해당하기 때문에 온라인 쇼핑몰,
오픈마켓이나 의료기기 도매상과 소매상을 통해서 고객에
게 판매해야 합니다.

고객에게 제 제품을 알리기 위해서, HIT 500 등 중소기업
마케팅 지원 사업을 활용할 예정이고, 홍보 및 광고, 블로그
마케팅 등 입소문 마케팅에 집중할 생각입니다."

영후가 진지한 표정으로 자신의 사업을 설명했다.

"김 사장, LED 칩 가격이 대략 얼마 정도였지?"

박 교수가 물었다.

"국산 칩은 가격이 비싸서 사용이 어려울 것 같고, 중국
산 칩으로 다량을 구입하면 개당 1,000원 미만에 구입할 수
있을 것 같습니다."

"하나만 더 묻겠는데, 마케팅 전략의 핵심이 무엇이라고
생각하지?"

"많이 알리는 게 중요하다고 생각합니다."

"입소문 마케팅을 말하는 건가?"

"네, 그렇습니다."

"자네 제품은 지난 시간에 배운 초기 시장 전략을 충실하
게 따라야 해. 그러니까 제품에 대한 고객의 두려움, 불확실
성, 의심 등의 장애요소를 제거하고, 선각자를 포지셔닝해

서, 입소문을 유도하는 전략을 써야 한다는 거야.

다음에는 조빛나 사장이지?"

"네. 제 아이템은 도시락 배달 사업을 하는 것인데요, 제품의 혁신성이 높지 않고, 시장 불확실성도 크지 않기 때문에 옛날 마케팅 유형에 해당하는 사업 유형이라고 생각합니다. 하지만, 제품의 맛이나 디자인, 서비스의 차별화를 통해서 혁신성을 높여 나가야 할 것 같습니다.

한식 도시락은 많이 있지만, 일식 도시락은 많지 않기 때문에 일식 도시락을 저희 목표 고객에 맞춰서 개발할 예정입니다. 혁신성을 높이기 위해서, 일본의 기차역에서 판매하는 여러 가지 에키벤 도시락에 대해서 연구, 분석하고 있습니다.

비록 저의 도시락 배달 사업은 기존 업체와 경쟁하는 것이겠지만, 차별화를 통해서 틈새를 만들어서 시장을 공략하고, 작은 지역에서 고객 확보를 위해서 마케팅에 집중한다면, 경쟁력이 있을 것으로 생각합니다."

"그래. 수고했어. 창업자는 기존 업체들과의 경쟁에서 언제나 불리하기 때문에, 제품이나 서비스의 차별화와 틈새시장 집중화 전략을 통해서 좋은 사업으로 성장할 수 있을 거야.

나중에 제품이나 서비스의 차별화 방안을 같이 생각해 보도록 하자고….

마지막으로 이상열 사장이 발표해 보도록 하지….”

“제 아이템은 앱 기반의 맞선 소프트웨어입니다.

저도 조빛나 사장과 마찬가지로, 옛날 마케팅 유형에 속한다고 할 수 있습니다.

현재 앱이나 웹을 통해서 이런 종류의 서비스를 제공하는 업체가 있기 때문입니다.

하지만 제 고객은 남녀 모두가 직장인 또는 공무원이라는 것이 다른 업체들과 다른 점이고, 맞선의 성공 확률을 높여주는 큐레이터 시스템을 만들어서 기존 업체와의 확실한 차별화를 하려고 합니다.

그런데 제 서비스를 어떻게 알리고, 적은 돈으로 어떻게 마케팅을 해야 할지 자신이 없습니다. 결국 중소기업 마케팅 지원 사업이나, 블로그 마케팅 등 입소문 마케팅을 할 수밖에 없을 것 같습니다.”

“그래. 이 사장. 수고했어.

개별 멘토링 시간에 자네의 마케팅 전략에 대해서 자세히 검토해 보도록 하자고….

오늘 그룹 멘토링은 여기까지 하고, 식사하러 가자고….

홍 사장이 만든 솔잎주도 마셔 봐야지….

그런데, 어디로 가면 좋을까?”

"교수님, '봄 도다리, 가을 전어'라는 말이 있지 않습니까? 양재동에 제가 아는 횟집이 있는데, 그 집으로 가실까요?"

영후가 말했다.

"그래. 그럼 그렇게 하자고…."

박 교수가 말했다.

양재역 사거리에서 뱅뱅 사거리로 가는 왼쪽 이면도로 변에 있는 대박횟집은 싱싱한 회를 비싸지 않은 가격에 팔고 있었다.

박 교수와 멘티들은 마지막 남은 조그만 방으로 들어가서 전어회와 전어 구이를 주문하고, 기태가 가져온 솔잎주를 각자의 잔에 가득 채웠다.

오늘도 예외 없이 영후가 마이크를 잡았다.

"아…, 아…, 오늘도 대박횟집을 찾아 주신, 박 교수님 이하 여러 사장님들의 성공 창업을 기원하면서, 박 교수님의 건배사가 있으시겠습니다. 박수…."

짝, 짝, 짝!

"에고, 준비를 안 했는데 시키면, 막 나가는 수가 있는데…, 흠….

오늘도 그룹 멘토링이 예정보다 길어져서, 식사가 늦어진 점, 미안하게 생각합니다….

에… 또, 여러분의 기쁨은 나의 기쁨이고, 여러분의 성공은 나의 성공입니다.

이 박 교수도 몇 년 전에는 여러분과 같은 창업자였고, 여러분의 기쁨과 슬픔을 이해하고 공감합니다. 여러분이 아프면, 내 마음은 더 아픕니다. 그러니까, 오늘 이후로는 여러분이 나를 아프게 해서는 안 됩니다.

여러분은 늘 기쁘고, 즐겁게 살면서, 마케팅으로 창업에 성공하시기를 바랍니다.

그런 의미에서 내가 '우리 모두' 하면, 여러분은 '마케팅으로 성공한다.'라고 대박횟집이 날아가도록 외쳐 주시기 바랍니다."

"우리 모두"

"마케팅으로 성공한다."

와…, 와….

짝, 짝, 짝!

영후는 처음 먹어보는 솔잎주를 음미하면서, 첫 잔을 마셨다. 부드럽고, 달콤하면서, 특유의 향을 갖고 있는 솔잎주는 계속해서 다음 잔을 마시게 했다.

1리터나 되는 솔잎주를 순식간에 다 마셔버린 박 교수와 멘티들은 취하는 줄도 모르고, 소주를 몇 병 더 주문했다.

"박 교수님, 이거 전어들이 제 맘대로 왔다 갔다 하는데…, 뭐죠?"

영후가 실없이 웃으면서 박 교수에게 물었다.

"뭐긴 뭐겠냐? 전어가 김 사장을 우습게 아는 거겠지."

박 교수도 많이 취한 것 같았다.

"교수님, 이제 시간도 많이 되었고…, 댁에 들어가시죠. 제가 모셔다 드릴게요."

오 사장이 말했다.

오 사장은 술이 센 편인데, 오늘은 약간 취한 것 같았다.

"오! 우리 혜진씨…, 난 오 사장이 너무 좋아!

그런데, 각자 노래 한 곡씩만 부르고, 집에 들어가면 안 될까?

술도 좀 깨고…."

박 교수가 오 사장을 안는 시늉을 하면서 말했다.

박 교수의 고집을 꺾지 못한 멘티들은 근처에 있는 '질러 노래연습장'으로 들어갔다.

박 교수는 분위기에 어울리지도 않는 노래 한 곡을 뽑기 시작했다.

눈을 뜨기 힘든 가을 보다 높은
저 하늘이 기분 좋아….
가끔 두려워져 지난 밤 꿈처럼
사라질까 기도해.
매일 너를 보고 너의 손을 잡고
내 곁에 있는 너를 확인해. ♬♪

박 교수와 멘티들은 마음을 모아 같이 노래를 불렀다.

창밖에 앉은 바람 한 점에도
사랑은 가득한 걸
널 만난 세상, 더는 소원 없어
바램은 죄가 될 테니까.

제3부

창업 마케팅의 실전

멘토링의 노하우

박 교수는 그룹 멘토링을 하는 매월 첫째 주를 제외하고, 매주 한 번씩 시간을 정해서 멘티들과 일대일로 멘토링을 진행한다. 일대일의 개별 멘토링은 그 달의 주제를 중심으로 대화를 하는 것이지만, 창업자들에게는 자신이 사업을 하면서 부딪치는 문제나 개인적인 어려움을 해결하는 것이 더 중요한 일이다.

박 교수는 멘티들이 창업에 관해서 어떤 문제를 이야기하더라도, 막히거나 모르는 것이 없는 것 같았다. 박 교수가 실전에서 쌓은 해박한 지식과 경험으로, 창업에 관한 여러 가지 어려운 문제들을 아무렇지도 않다는 듯이, 쉽게 이야기하는 것을 보고는, 영후는 감탄을 넘어서 두려움까지도 느끼고 있었다.

영후는 해외주재원 생활도 해 봤고, 중국 등 수출 경험도 갖고 있었으며, 어렵다는 건강기능식품 판매 경험도 갖고 있었다. 하지만 바닥을 경험했던 영후는 다시 사업을 시작한다는 것이 두려웠고, 돈도 없이 어떻게 마케팅을 해야 할까 하는 생각에, 머리가 아팠다.

영후는 매달 첫 번째 주를 제외하고, 매주 목요일 오후에 박 교수와의 개별 멘토링이 계획되어 있었다. 하지만 영후는 정해진 개별 멘토링 시간에 맞춰서 가는 일이 거의 없었다. 대부분 조금 늦게 박 교수의 연구실에 도착했다.

영후는 미안해하는 기색이 별로 없었고, 자신이 스스로 재미있다고 생각하는 것은 상대방 눈치를 보지 않고 말을 하곤 했다.

"안녕하세요? 교수님, 오늘 날씨가 너무 좋네요. 버스를 타고 오다가 제가 좋아하는 스타일의 여자 분을 쳐다보다가, 내려야 할 버스 정류장을 그냥 지나쳐 버렸지 뭡니까? 큭…. 큭…. 이 나이에 주책인거 맞죠?"

"아니까 다행이군. 사업을 그렇게 열심히 했으면, 좀 좋겠나? 지금 사업은 어디까지 진행되었나?"

박 교수가 못마땅하다는 듯이 말했다.

"네. 사업은 예정대로 잘 진행되고 있습니다. 너무 걱정하지 마세요. 교수님!

지금 3D 프린터로 두 가지 모델을 만들어서 착용감을 테스트하고 있고, LED 칩으로 모듈을 만들어서 성능 테스트를 하고 있습니다. 성능 테스트는 양호한 편인데, 일부 수정, 보완을 하고 있습니다. 두 달 정도 후에는 시제품을 완성할 수 있을 것 같습니다. 그리고 그 후에 의료기기 등급 허가 신청도 준비해야죠….”

영후가 자신 있는 목소리로 대답했다.

“김 사장, 기존에 없었던 의료기기 유형이라 꼼꼼하게 챙겨야 할 거야.

그렇지 않으면 시간과 돈이 많이 든다고….

그리고 의료기기의 안전성이나 성능은 기본적인 것이고, 시제품이 나오면 시장조사를 잘 해야 해. 조사 결과가 좋을 때까지 계속 수정, 보완해야 하고, 고객이 원하는 것을 맞춰 주어야 해.

초기 시장 전략을 완전히 암기하고, 그대로 해야 해!

무슨 말인지 알겠나?”

“네. 교수님이 볼 때는 제가 덤벙대는 것 같아서 걱정되시겠지만, 제 나름대로는 늘 노심초사하고 있고, 자면서 구강살균기의 마케팅 전략을 짜는 꿈도 꿀 정도입니다.

정말이에요….

그런데, 교수님, 오늘 제가 여쭤보고 싶은 게 있는데요….”

“자네가 사업을 열심히 한다니까 믿어야지, 어쩌겠나?

그런데 알고 싶은 게 뭐지?"

"저…, 오혜진 사장 얘긴데요, 싱글인 것 같은데, 결혼을 했었나요?

아니면…."

"김 사장!, 내가 보기에는 자네하고 오 사장은 잘 맞을 것 같지 않아…, 그리고 오 사장도 자네를 좋게 생각하는 것 같지도 않고….

오 사장이 돌싱이건 아니건 신경 쓰지 말고, 자네 사업이나 신경 쓰세요!"

"아니, 뭐…, 저도 오 사장이 좋다는 건 아니고요, 오 사장이 제 스타일과 좀 맞는 데가 있는 거 같아서….

하지만, 뭐…, 중요한 건 아닙니다.

그런데 퇴근하실 시간인데요….

분당에 아귀찜 잘하는 집이 있는데, 간단히 한 잔 하러 가시죠."

"그래? 잘하는 집이 있으면 가 봐야지.

거기 가서 멘토링을 마저 하기로 하고…."

"교수님, 홍기태 사장을 불러도 될까요?

부르면 총알같이 올 텐데요…."

"그러면 부르는 김에, 자네가 좋아하는 오 사장도 부르지 그래?

오 사장도 분당 살잖아?"

"네. 지금 연락하겠습니다."

박 교수와 영후가 아귀찜과 소주를 시키자마자, 기태가 들어오면서, 반갑게 인사를 했다.

술자리였음에도 불구하고, 성격이 급한 기태가 박 교수에게 물었다.

"교수님, 시제품을 생산할 제조업체들을 조사했는데, 어느 업체에 맡기는 게 좋을까요?"

"음…, 전에 얘기했던 두 회사 중에서 어느 업체에게 시제품을 제작하게 할까 하고 고민 중이라는 말이지?"

"네. 맞습니다. 이런 일에 익숙하지가 않아서, 조금 고민이 되는데요…."

"동광기업이 회사 규모가 작고 제작비용은 조금 싸지만, OEM 생산은 제작비용이 싸다는 이유로 용역을 의뢰했다가 애를 먹는 경우가 많잖아.

비용을 따지기 보다는 용역을 맡기는 회사가 신뢰가 있는 회사인지, 내 제품을 생산할 능력이나 기술이 있는지를 따져 보는 것이 중요해. 그렇지 않으면, 본인이 의도한 제품이 잘 나오지 않는 경우가 많고, 잘못된 경우에 이를 수습하기 위해서 더 많은 시간과 비용이 들어갈 수 있어.

내가 보기에는 대길공업으로 하는 게 좋을 것 같은데…."

"알겠습니다. 좀 더 검토해 보고 결정하겠습니다."

기태가 말했다.

"안녕하세요? 교수님.

이렇게 불러주셔서 감사합니다. 그러지 않아도 교수님이 보고 싶었는데요…."

오 사장이 자리에 앉으면서 말했다.

"어…, 오 사장!, 바쁜데 불러낸 건 아닌지 몰라…."

"아이, 교수님도…, 아무리 바빠도 교수님이 부르시면 달려 와야죠!"

"요즘 오 사장, 사업 잘 진행하고 있지?"

"네, 시제품을 만드느라고 바쁘게 뛰어 다니고 있어요.

그런데, 제가 원하는 스타일을 만드는 데 필요한 랏셀레이스의 원단이 맘에 들지 않아서, 조금 고민이 되네요."

"그래? 다른 건 몰라도 내가 좋아하는 오 사장의 고민은 어떻게 해서라도 해결을 해야지.

술자리이긴 하지만, 조금 자세하게 말을 해봐."

"네. 과거에는 겉옷에 레이스를 사용하는 일이 거의 없었지만, 최근에 랏셀레이스로 디자인된 여성복이 기술 애호가 그룹을 지나서, 선각자 그룹으로 진입한 것으로 판단하고 있어요.

이러한 트렌드의 변화는 미국과 유럽 시장에서 시작되었는데, 내년 봄과 여름에는 랏셀레이스 여성복 패션이 연예인, 방송인, 전문직업인 등 젊은 패션 리더 그룹에서 상당한 호응을 받을 것으로 예상하고 있거든요.

그런데, 제가 고민하고 있는 것은 현재 동대문 시장 등에서 판매하고 있는 랏셀레이스의 원단이 별로 마음에 들지 않는다는 거죠. 원단의 디자인뿐만 아니라 재질도 고객들을 만족시키기에 부족하다는 생각이 들고요.

저는 여성복을 만들어야 하는데, 랏셀레이스 원단까지 신경을 쓰다 보니 집중이 잘되지 않고, 자금도 많이 들고….”

“여성복을 만들어서 판매하는 사람이 소재인 랏셀레이스의 원단이 맘에 들지 않아서, 어쩔 수 없이 랏셀레이스 원단까지 디자인하고 만들 수밖에 없겠다는 얘긴데….

하지만, 일단 시장의 트렌드와 고객의 니즈를 확인했다면, 물이 들어왔을 때, 고기를 낚아야지.

그동안 오 사장이 전통문양과 해외의 트렌드를 결합해서 디자인한 것에 대해서 고객 반응조사를 해 보는 것이 좋을 것 같아.

그 중에서 고객 반응이 좋고, 해외 트렌드에 부합하는 랏셀레이스 디자인을 10개 정도 선정을 해 보자고….

그러면 내가 랏셀레이스 공장을 하고 있는 장 사장에게 부탁해서, 최소의 비용으로 샘플 원단을 생산해 달라고 부탁해 볼게. 장 사장은 내 고등학교 동기인데, 내 부탁은 거절하지 못할 거야.

원단도 최고급 수입 원사로 해 달라고 말해 놓을 테니까….

그러면 되겠지?"

"어머, 교수님이 힘써 주시면, 안될 일이 뭐가 있겠어요. 감사합니다.

그리고 교수님께서 제 고민을 해결해 주셨으니까, 오늘 술값은 제가 내겠습니다."

"술집에서도 멘토링을 하시니, 지루해서 죽는 줄 알았습니다.

소맥으로 한 잔씩 하시죠."

영후가 소맥을 한 잔씩 돌리면서, 분위기를 달구기 시작했다.

"그리고, 오 사장, 랏셀레이스 디자인이 완성되면, 저작권을 신청하는 것도 잊지 말고…."

박 교수가 덧붙였다.

"네. 전에도 말씀하셔서, 잘 기억하고 있습니다."

"지금 여성복 디자인은 3D 그래픽으로 가상 의상 제작 소프트웨어를 사용하고 있나?"

"네, 저는 최근에 가상현실 소프트웨어 프로그램을 이용해서 의상 디자인을 하고 있는데, 100%는 아니고, 80% 정도의 만족도는 되는 것 같아요. 실제 제작에서의 오류를 상당 부분 제거해 주는 것 같습니다."

"그래. 최대한 최신 기술을 이용해야지. 그리고 랏셀레이스 원단의 내수 판매와 수출도 장 사장에게 부탁해서 거래처를 잡아달라고 강력하게 얘기할게.

그리고 다음 주에 장 사장과 같이 만나서 식사라도 하는 게 어떤가?"

"저야 좋죠. 교수님께서 장 사장님과 스케줄을 잡으셔서, 제게 연락주세요."

"교수님, 제발 술 마시는데, 집중해 주세요.

오 사장만 너무 편애하시는 거 아닙니까?"

영후가 싱글거리며, 박 교수와 오 사장의 대화에 끼어들었다.

"왜 아니겠어? 자네들도 오 사장처럼 사업 잘하면, 내가 많이 밀어줄게…."

이미 테이블 밑에는 빈 소주병과 맥주병이 가득했고, 모두들 상당히 취한 것 같았다.

밖으로 나온 영후는 박 교수를 택시에 태워 보내고는, 기태에게 눈짓을 하면서, 오 사장에게 말했다.

"1차는 오 사장님이 내셨으니까, 2차는 제가 살까 하는데, 괜찮으시죠?"

"그런데 형님, 전 내일 아침에 중요한 일이 있어서, 집에 들어가 봐야 하는데, 두 분이서 오붓하게 드시면 안 될까요?"

영후의 눈짓을 알아차린 기태가 능청스럽게 말했다.

"어머, 저도 내일 바쁜 일이 있는데…, 어쩌죠?"

오 사장도 2차를 거절했다.

"오 사장님, 그러면 각자 맥주 500cc만 하고 가도록 하죠.
제가 사실 오 사장님 사업에 도움이 되는 좋은 얘기가 있
거든요…."

영후는 집으로 들어가려는 오 사장을 어렵게 설득했고,
두 사람은 작은 생맥주 집에 마주 앉았다.

영후는 오 사장에게, 자신의 과거 사업 이야기와 기태를
알게 된 이야기 등을 재미있게 말하려고 노력하고 있었다.

하지만 오 사장은 집중해서 듣는 것 같기는 했지만, 별로
말을 하지 않았다.

영후는 오 사장이 재미있어 하지 않는 것 같아서 조금 기
분이 상했다.

"저하고 둘이서 얘기하는 게 싫으신가 봐요? 전 오 사장
님을 너무 좋아하는데….

너무 하시는 거 아닙니까?

그만 일어날까요?"

"아니, 그런 건 아니에요.

사실 전 내일 중요한 미팅이 있어서, 이야기에 집중을 못
했던 건 사실이지만…."

"그럼 하나 물어 볼게요.

싱글이신 건 맞죠?

저도 알고 보면 괜찮은 사람인데, 우리 한번 진지하게 만나보면…."

"김 사장님, 제가 싱글인 건 맞는데요, 아직은 제 마음 속에 다른 남자가 들어갈 수 있는 자리가 없는 것 같아요.

죄송합니다."

"그럼 좋아하는 다른 남자가 있다는 말인가요?"

"아뇨. 사실 전 남편을 너무 사랑했는데, 3년 전에 교통사고로 남편을 잃고, 방황을 많이 했어요.

전 제 남편을 대학 동아리에서 알게 되었는데, 남편이 법원 행정직으로 부산에 내려오면서, 연애를 했고, 결혼까지 하게 되었어요.

전 남편을 너무 사랑했고, 지금도 너무 보고 싶어요.

하지만 계속해서, 남편 생각만 하면서 살 수는 없어서, 부모님과 분당으로 이사를 하고, 새로운 마음으로 사업에 전념하고 있는 거예요.

그래서 전, 아직도 마음을 추스를 시간이 더 필요한 것 같아요.

이해해 주셨으면 합니다."

오 사장이 솔직하게 자신의 마음을 열어 보이자, 영후는 오 사장이 더 좋아졌다.

"아…, 죄송합니다. 전 그런 줄도 모르고….

충분히 이해합니다.

제가 나이가 좀 많기는 하지만, 앞으로는 친구처럼 편하게 대해 주셨으면 합니다.

그리고 우울하거나 무슨 일이 있으면, 언제라도 전화하세요.

밤에도 괜찮고, 새벽에도 괜찮습니다…."

새로운 시작, 졸업

새해가 되었다. 새해는 푸른색의 양인 청양의 해라고 한
다. 푸른색은 진취적이고 긍정적인 성격을 갖는다는 의미가
있다고 했다.

영후는 올해에는 뭔가 좋은 일이 있지 않을까 하고 내심
기대를 해 본다. 또 오 사장, 아니 혜진이와 잘돼서, 사업도
성공하고, 결혼도 성공한다면 더할 나위 없이 좋을 것만 같
았다.

영후가 즐거운 상상을 하고 있을 때, 기태에게 전화가
왔다.

"형님, 뭐 하십니까?

한가하시면, 오늘 오후가 제 개별 멘토링 시간인데, 박 교
수님께 형님과 같이 멘토링을 해 달라고 한번 말해 볼

까요?"

"그래. 그거 좋은 것 같은데….

날씨도 쌀쌀하고, 멘토링 끝나고 따끈한 오뎅에 사케 한 잔씩 하면, 남부럽지 않잖아…."

"그러면 3시에 박 교수님 연구실에서 뵐게요…."

영후가 박 교수의 연구실에 들어갔을 때, 연구실에는 박 교수와 기태 그리고 조빛나 사장이 이야기를 하고 있었다.

"아니, 자네는 안 와도 되는데….

웬일인가?"

"교수님께 새해 인사도 드리고, 멘토링도 받을까 하고 왔습니다.

그런데 오늘은 그룹 멘토링을 하고 계신 것 같습니다."

"오늘은 홍 사장이 개별 멘토링 하는 시간인데, 조빛나 사장이 사업비 집행할 게 있다고 해서, 같이 상담하고 있는 중이었지.

자네도 앉아서 같이 멘토링을 하자고….

지금 홍 사장이 대길공업과 외주용역 계약 조건을 어떻게 협상하는 것이 좋은지 얘기하고 있었는데, 같이 들어도 도움이 될 것 같으니까, 토론을 해 보자고….

지난주에 내가 홍 사장과 같이 대길공업을 방문해서, 담당 팀장과 사장을 만났는데, 대길의 오 사장은 발효용기에

흥미를 갖고 있었고, 자신의 영업망을 이용해서, 발효용기
를 판매하고 싶다고 말했어.

홍 사장은 어떻게 생각하나?"

"대길공업은 여러 종류의 플라스틱 용기를 만들어서 팔고
있고, 전국적인 영업망도 갖고 있습니다. 물론 OEM이나
ODM을 하기도 합니다.

그런데 제가 걱정하고 있는 것은 대길공업에서 발효용기
시제품을 생산하고, 양산까지 하게 되면, 저의 생산 원가가
그대로 노출되는데, 대길공업이 판매도 하게 된다면, 저의
가격 협상력이 거의 없어지지 않을까 하는 것입니다."

"그래? 김 사장은 이 문제를 어떻게 생각하나?"

"그거야 그렇게 어려운 문제는 아니라고 봅니다.

대길공업이 발효용기를 잘 만들 수 있다고 생각하기 때문
에 외주를 준 것이지만, 생산과 판매는 전혀 다른 문제이니
까, 생산 원가가 노출되었다고 해서, 협상력이 작아지지는
않는다고 생각합니다."

"그렇다면 어떻게 해야 하지?"

박 교수가 빙그레 웃으면서, 영후에게 물었다.

"정말 간단한 문제죠.

대길공업이 발효용기를 목표 고객에게 가장 잘 판매할 수
있는 채널이라면, 판매마진이 적더라도 대길공업에게 판매
권을 줘야 하겠지만, 판매마진이 많더라도 판매를 잘하지

못한다면 다른 판매 채널을 찾아야 하겠죠."

박 교수는 영후의 말에 대한 답을 하지 않고, 기태에게
물었다.

"홍 사장, 대길공업이 전국적인 판매망이 있다고 해서, 발
효용기가 많이 팔릴 거라고 생각하나?"

"물론 그렇지는 않을 것 같습니다. 제 발효용기는 판매하
는 데, 설명이 필요하기 때문에 진열을 한다고 해서 잘 팔
리지는 않죠."

"그래. 답이 나왔잖아.

대길공업이 자네의 발효용기를 신제품이라는 이유로, 다
른 용기를 제쳐두고, 열심히 마케팅 하기를 기대하는건 어
렵다고 봐야지.

자네가 목표 고객에게 어느 정도 포지셔닝이 된 상태라면
모르지만 말이야….

내가 보기에, 자네의 발효용기는 홈쇼핑에서 인지도를 높
인 상태에서, 마트나 대길공업의 판매 채널을 이용하는 것
이 가장 좋을 거 같아…."

"네. 저도 블로그를 통해서 입소문을 만들고, 이를 바탕으
로 홈쇼핑에 진출하는 것을 생각하고 있습니다."

얘기를 진지하게 듣고 있던 조빛나 사장이 박 교수에게
질문을 했다.

조빛나 사장은 창업으로 성공하겠다는 굳은 의지가 있는 듯했고, 항상 진지하게 여러 가지 일들에 대하여 질문을 하곤 했다.

　"그런데 교수님, 피터드러커 교수가 말씀하신, '오늘날 기업의 기능은 마케팅과 혁신뿐이다.'라는 말이 무슨 뜻인지 잘 모르겠어요."

　"그래, 내가 한 번 얘기하지 않았나? 오늘날의 기업은 혁신적인 제품을 가지고, 혁신적인 방법으로 마케팅을 하지 않으면, 돈을 벌기 어렵다는 얘기잖아.

　혁신의 개념은 알고 있겠지?"

　"네, 근래는 모든 기업이 혁신을 외치고 있지만, 제가 혁신의 개념을 정확하게 이해하고 있지 못한 것 같아서, 여쭤보는 거예요."

　"혁신이란 새로운 것을 말하는 거야.

　초기 시장 전략에서의 놀랄 만큼 대단한 제품의 요소와 통하는 개념이야. 즉 고객의 입장에서 '대단히 흥미롭고, 깜짝 놀랄 정도의 새로움'을 혁신이라고 할 수 있지.

　여기에서 혁신은 사업자의 관점이 아닌, 고객의 관점이라는 것이 중요한 거야.

　창업자는 기술적으로 조금 개선된 제품을 고객들이 혁신적인 것으로 생각하기를 바라겠지만, 언제나 고객에게 물어보고 확인하는 자세를 가져야 해.

창업자가 시제품을 만들어서, 고객에게 조사하거나 물어보지 않고, 자신의 판단으로 양산을 했을 때, 발생하는 손해는 감당하기 어려울 거야.

또한 혁신과 차별화는 보는 각도에 따라 겹치는 부분이 있지만, 차별화는 기존 제품에 대비한 새로움이나 개선을 의미하는 데 반해서, 혁신은 기존 제품과는 상당히 다른 새로움을 의미한다고 할 수 있지.

즉, 고객이 놀랄 만하게 새롭다고 느낀다면, 혁신성이 있다고 할 수 있고, 고객이 기존 제품보다 달라진 어떤 것이 있다고 느낀다면, 그것은 차별화되었다고 할 수 있지.

왜 차별화와 혁신을 구분하느냐 하면, 창업자가 사업에서 성공할 확률은 혁신성이 높을수록 크지만, 기존 제품에 대한 약간의 차별화나 개선은 대기업 등의 기존 기업이 유리하거든….

기존 기업의 연구소에서는 늘 기존의 제품을 개선하거나, 차별화해서 고객을 만족시키려고 노력하고 있다는 거야. 따라서 창업자는 기존 기업이 따라오기 힘들 정도의 차별성을 가져야만 기존 기업의 추격을 따돌릴 수 있는 거야.

마케팅의 유형에 있어서, 시장 불확실성이 낮고, 제품의 혁신성이 낮은 옛날 마케팅 유형의 시장에서는 창업자가 기존 기업을 이길 수 없고, 그 시장 주위의 일정 부분의 영역에서도 창업자는 불리하다고 할 수 있어.

일반적으로는 창업자가 혁신성이 높거나, 차별성이 높은 제품을 가진 경우가 그렇지 못한 경우보다 성공 확률이 높지만, 창업자가 혁신적인 제품과 마케팅 전략으로 어떻게 목표 고객을 만족시킬 수 있는지가 사업의 승패를 가른다고 할 수 있지.

물론 혁신적인 제품도 치명적인 단점이 있어.

김 사장은 그게 뭔지 알고 있나?"

"음…, 시장을 스스로 만들어야 한다는 것 아닌가요?"

"맨날 조는 줄만 알았는데, 귀는 열고 있었구먼….

혁신적인 제품은 고객들의 이해도가 낮기 때문에, 시장도 없다는 치명적인 단점이 있지만, 제품의 혁신성으로 고객의 마음을 사로잡음으로써 시장을 확보해야 해.

김 사장이나 홍 사장은 이 점을 명심해야 해.

그리고 조빛나 사장이 마케팅을 해야 할 시장은 옛날 마케팅 유형의 시장이기 때문에 제품이나 서비스에 있어서, 기존과 다른 차별화나 혁신적인 요소를 포함하지 않으면, 기존 기업의 즉각적인 공격을 받을 수 있어.

따라서 좀 전에 내가 설명한 시장에 대해서 잘 이해하고 있어야 해.

그런 의미에서 조 사장이 아주 좋은 질문을 했어."

"그럼 저도 하나 여쭤보고 싶은 것이 있는데, 기업 고객을 상대로 마케팅을 하는 소위 B2B 기업의 마케팅 전략의 핵심을 말씀해 주십시오. 제가 영업을 오래하기는 했지만, 머릿속에 정리된 것이 없는 것 같습니다."

영후가 질문을 했다.

"B2B 마케팅은 기업 고객을 상대로 하는 마케팅이잖아. 따라서 B2B 마케팅이 B2C 마케팅과 다른 점은 고객의 특징이 다르다는 거야. 마케팅 전략이란 창업자가 '고객을 위하여 무엇을 어떻게 할 것인가?'라는 것이잖아.

그렇다면 B2B 마케팅은 '창업자가 기업 고객을 위하여 무엇을 어떻게 해서 기업 고객을 만족시킬 것인가?'에 해답이 있겠지.

자네는 기업 고객이 개인 고객과 어떻게 다른가를 잘 알고 있잖아. 따라서 기업 고객이 원하는 것을 만족시켜주면 되는 거야.

그럼 김 사장이 '어떻게 기업 고객을 만족시킬 수 있는지'를 한 번 얘기해 보겠나?"

"네. 먼저 기업 고객은 제품의 기술적인 면이나, 품질을 우선시하는 것 같습니다. 따라서 제품이 기술적으로 문제가 있거나, 품질 관리가 되지 않으면, 기업 고객은 구매를 하지 않습니다."

"그렇겠지. 기업 고객에게 제품을 판매하기 위해서는, 창업자가 회사 및 제품의 소개 자료, 자사의 기술 및 품질 관리 자료, 시험 분석 자료 등을 준비하고 기업 고객을 만나야 하지.

지금 자네가 기업 고객의 담당자를 만났다면, 뭐라고 얘기해야 하지?"

"기업 고객이 저의 제품을 써야 하는 이유를 설명하고, 그에 따른 혜택을 설명해야 할 것 같습니다."

"맞아. 그들이 듣고 싶어 하는 얘기를 해야지, 그들이 만족하지 않겠어? 그렇다고 거짓말을 해서는 안 된다는 것은 잘 알겠지.

그러니까. 우리 제품은 품질이 좋고, 가격이 싸기 때문에 구매자에게 더 많은 이익을 준다는 것을 설명하고, 우리 회사가 제품 관리, 자금, 납품과 납기 등 관리 분야에서도 전혀 문제가 없다는 것을 설명함으로써 구매자가 창업자에 대해서 불안해 할 수 있는 요소를 없애 줘야 해.

언제나 구매자의 입장에서 그들의 혜택과 그 혜택과 관련한 불안 요소, 의심, 불확실성을 해소시킬 수 있도록 설득하고, 그 증거를 제시해야 하는 거야.

이해할 수 있겠나?"

"네. 그런데 품질, 가격, 납기 등 마케팅의 요소를 모두 만족시켰는데도, 기업의 담당자가 뜸을 들이면 어떻게 하지요?"

"내가 전에 이야기한 것 같은데….

기업의 담당자가 자네 제품으로 결정하도록 하기 위해서
는, 촉진이라는 전략을 써야 해.

촉진, Promotion!

무슨 말인지 모르겠나?"

"알겠습니다. 기업 담당자나 구매자가 우리 제품으로 결
정하지 못하는 이유를 알아서, 그 이유를 해소해 주면, 구매
를 할 거라고, 전에 말씀하셨던 것 같습니다."

"5시가 넘었는데, 퇴근하셔야죠? 학교 근처에 곰장어 구
이 잘하는 곳을 알아놨는데, 같이 가시죠…."

기태가 말했다.

"그래. 곰장어라? 거 당기는데….

조빛나 사장도 시간이 되면 같이 가자고…."

"네. 날씨도 쌀쌀하고, 몸도 으스스한데, 곰장어가 좋을
거 같아요.

오늘 제 멘토링 시간도 아닌데 많이 배웠으니까, 술값은
제가 낼게요."

박 교수는 2월 둘째 주 월요일 오후에 마지막 그룹 멘토
링을 함으로써 공식적인 멘토링 일정을 종료할 예정이었다.
박 교수는 마지막 멘토링의 주제를 '기술 창업 성공 전략'으
로 정했다.

영후는 마지막 그룹 멘토링에는 10분 전에 회의실에 들

어섰는데, 자신을 제외한 모든 멘티들이 이미 와 있는 것을
보고, 놀라움을 금치 못했다.

"아니…, 조빛나 사장님, 왜 이렇게 다들 일찍 오신 거죠.
일찍 오면 돈이 생기나요?"

"흐…, 오늘이 마지막 그룹 멘토링이고, 끝나고 회식도
있으니까, 일찍 오고 싶어서요…."

박 교수가 회의실에 들어와서, 멘티들에게 인사를 하고나
서 말했다.

"슬프게도 오늘이 공식적인 마지막 멘토링 시간입니다.
지난주에 여러분들의 창업 실적을 집계했는데, 실적이 좋은
것 같아서, 기분이 좋았어요."

"교수님, 왜 갑자기 존댓말을 쓰십니까? 말 놓으십시오.
저도 갑자기 슬퍼지려고 합니다."

영후가 말했다.

"이제 학교를 떠나면, 앞으로 이 박 교수보다 더 크고 훌
륭한 사장님들이 될 텐데….

이제부터라도 점수를 따려면, 존댓말을 해야지요!
안 그런가요?"

"교수님, 졸업식 때까지는 편하게 말을 놓으시는 게, 저희
들도 맘이 편합니다."

기태가 말했다.

"알았어. 그러면 졸업식 때까지 말을 놓도록 할게!

오늘의 주제는 '기술 창업자가 어떻게 해야 성공할 것인가?'로 정했는데, 사업에 있어서 창업자에게 가장 중요한 것은 무엇일까?

그 해답을 오 사장이 말해 보겠나?"

"창업은 사업을 시작하는 것을 말하는 것이고, 사업의 요소는 3M으로, 제품, 마케팅과 관리입니다. 창업자는 혁신적이거나 차별화된 제품으로 마케팅을 함으로써 성공할 수 있기 때문에, 창업자가 성공하기 위한 핵심 요소는 마케팅입니다.

관리는 기존 기업에게는 중요할 수 있으나, 창업자에게는 상대적으로 중요성이 낮다고 할 수 있습니다."

"그래! 정말 예리하게 핵심을 잘 얘기했어."

"그렇다면 창업자에게 가장 중요한 마케팅의 핵심은 무얼까?

이번에는 고승필 사장이 말해 보도록 하지."

"네. 마케팅의 핵심은 자신의 제품을 사 줄 목표 고객을 만족시키는 것입니다.

즉 초기 시장에서 목표 고객을 만족시킬 수 있도록, 놀랄만한 혁신적인 제품과 두려움, 의심 및 불확실한 요소를 제거하고, 고객에게 포지셔닝을 함으로써, 입소문이 나도록 해야 합니다.

또한 초기 시장의 성공을 바탕으로, 완벽한 제품 및 집중화 전략으로 실용주의자를 만족시킴으로써, 토네이도라고 부르는 매출 폭발을 경험하면서 성공하는 것입니다."

"아주 훌륭해. 고 사장은 스타트업 혁신 마케팅 전략을 꿰고 있구먼…."

"교수님, 저를 시키시지 그러셨어요. 저도 완전히 외워 버렸거든요!"

영후가 말했다.

"알았어….

내가 교수 생활을 오래하지는 않았지만, 이렇게 열심히 하고, 시키는 대로 잘하는 학생들은 없었던 것 같아.

그래서 나는 오늘의 멘토링 시간이 너무 아쉽고, 여러분 같은 좋은 제자들을 죽기 전에 다시 만날 수 있을지 모르겠어.

선생에게는 좋은 제자를 기르고, 그들과 문답하는 시간만큼 행복하고, 즐거운 시간은 없는 것 같아."

말을 마친 박 교수의 눈가에 이슬이 맺히는 것 같았다.

"아닙니다. 저희들이야말로 교수님께 아무 것도 드린 것 없이 받고만 있습니다.

창업과 비즈니스의 핵심인 마케팅을 쉽고도 재미있게 가르쳐 주시는 분은 세상에서 교수님밖에 없을 겁니다.

저희들은 늘 교수님께 감사하고 있습니다."

영후가 말했다.

"뭐, 얘기가 엉뚱한 방향으로 나간 것 같은데….

돌아가면서 하고 싶은 말이 있으면 한 마디씩 하고, 이 시간을 마치기로 하지."

"저는 멘토링이 무엇인지 몰랐는데, 멘토링을 통해서 인생과 사랑과 마케팅까지 배울 수 있어서 다시 한 번 이 과정을 배우고 싶을 정도로 만족하고 있습니다. 특히 그룹 멘토링을 통해서 다른 사장님들과 네트워킹도 하고, 교수님의 재미있는 강의와 문답을 통해서 정말 많은 것을 배웠습니다. 이번 기회가 저에게는 행운이었다고 생각합니다.

정말 졸업하기가 싫어요!"

오혜진 사장이 제일 먼저 말을 했다.

"저는 한 회사에서 10년 넘게 종업원으로 일했는데, 이번 기회를 통해서 창업이라는 새로운 세상이 있다는 것을 알게 되었습니다.

법인을 설립하고 사업자등록을 내고, 저는 난생 처음 사장이 되었습니다.

그래서 저는 하루하루가 너무 흥분되고, 즐거웠습니다. 제가 꿈에 그리던 사장이 되었기 때문입니다.

더구나 훌륭하신 교수님, 그리고 여러 사장님들과 즐겁게 배우고, 대화도 나누면서 지냈던 지난 8개월이 꿈만 같습니다. 특히 술자리에서의 즐거웠던 대화와 농담들도 잊지 못할 추억이 될 것입니다.

　교수님과 여러 사장님들, 감사합니다."

　고 사장이 말을 마치고는, 머리를 깊숙이 숙이면서 인사했다.

　"저는 배운 것도 별로 없고, 사업에 실패해서 세상을 하직하려고 했던 못난 사람입니다.

　하지만 정부에서 창업선도대학을 통해서 오천만 원이라는 돈을 창업자금으로 지원해 주었고, 훌륭하신 박 교수님을 멘토로 모시게 된 것은 저에게는 기적과도 같은 일이었습니다.

　더구나 여러분과 같이 좋은 분들을 만나서 서로 대화하고 마음을 나눌 수 있었던 것도 저에게는 정말 행운이었습니다.

　다음 달 초가 되면 저에게는 마지막이 될지도 모르는 졸업식을 하겠지만, 저는 이 졸업식을 마지막이 아닌 인생의 새로운 시작이라고 생각하고 열심히 노력하겠습니다.

　저는 꼭 성공해서 박 교수님과 여러분들 앞에서 크게 외칠 것입니다.

　저, 성공했어요!"

　기태가 일어서서 큰 소리로 외쳤다.

　"저는 사업이라는 것을 잘 모르고 시작했는데, 박 교수님이나 여러 사장님들이 많이 도움을 주셔서 점차 사업이 무엇이고, 어떻게 마케팅을 해야 하는지 알게 된 것 같습니다.

다음 달에 졸업을 한다고 하지만, 창업이라는 실전을 지금 시작했으니까, 열심히 해서 꼭 성공하고 싶어요.

여러분, 그동안 예쁘게 봐 주셔서 감사합니다."

조빛나 사장이 말했다.

"운칠기삼이라고 하는데, 저는 박 교수님께 멘토링을 받고, 여러 사장님들과 대화를 하면서, 창업을 하는 데 있어서 많은 도움을 받은 것 같습니다.

저에게는 정말 행운이었다고 말하고 싶습니다.

앞으로도 서로 연락 자주하고, 우리 사장님들 모두 창업으로 성공하시기 바랍니다. 물론 저도 성공할 겁니다."

이상열 사장이 말했다.

마지막으로 영후의 차례가 되었다.

"다음 주는 설날이고, 3월 첫째 주 금요일에는 졸업식이 있다고 알고 있습니다.

저는 '졸업식이 끝나면 어떻게 하지?' 하고 생각했습니다.

그동안 교수님과 여기 계신 사장님들과 지내 왔던 시간들이 너무 좋았고, 너무 즐거웠습니다.

저는 두 번 창업해서 실패했고, 이번에 어렵게 창업선도대학에 들어와서 세 번째 창업을 하고, 사업을 시작했습니다.

지난 두 번의 창업뿐만 아니라, 이번의 창업도 제 가슴을

뛰게 하고 흥분되게 합니다. 단지 돈 때문에 그런 거라고 생각하지는 않습니다. 이건 마치 사랑을 시작할 때의 설렘이나 흥분과도 같다는 생각이 듭니다.

제가 이번에도 창업에 실패한다면, 두 번 다시는 사업을 하지 않을 것입니다.

여러분 앞에서 맹세하겠습니다.

저는 이번 창업에서 반드시 성공할 것입니다.

저는 더 이상 물러설 자리가 없습니다.

그리고 부족한 저를 사랑해 주시고, 가르쳐 주신 박성철 교수님!

사랑합니다. 그리고 존경합니다.”

말을 마친 영후의 눈에서도, 그리고 그 말을 듣고 있는 박 교수의 눈에서도 뜨거운 눈물이 흘러내렸다.

기태도, 혜진이도, 조 사장도 손으로 눈가를 닦고 있었고, 고 사장도 이 사장도 눈이 충혈되어 있었다.

3월 첫째 주 금요일 오후 5시에 H호텔 카네이션 홀에서는 D대학교 주관으로 창업선도대학 창업아이템사업화 지원사업자 졸업식이 시작되었다.

창업지원단장의 경과보고와 부총장의 축사가 끝나고, 졸업자에 대한 상장 수여가 있었다.

사회자가 총장상 수상자로 영후의 이름을 부르자, 영후는 잠시 놀라는 듯하더니, 여유 있는 모습으로 단상으로 가서 수상을 했고, 부총장님과 기념 사진을 찍었다.

사회자는 마지막으로 창업지원단장상 수상자의 이름을 불렀다.

"창업지원단장상 오혜진 사장님, 단상으로 나오세요. 축하합니다."

창업자들과 졸업식 참석자들은 수상자들에게 축하의 박수를 보냈다.

졸업식 참석자 전원이 단체로 기념 촬영을 하고는 졸업식은 끝이 났다.

박 교수와 멘티들은 같이 기념 촬영을 했다.

다음에는 한 사람씩 박 교수와 축하 인사를 했고, 같이 사진을 찍기도 했다.

박 교수와 멘티들은 다시 원탁에 모여 앉아서 같이 식사를 하면서, 이야기꽃을 피웠다.

박 교수는 기분이 좋아서 반주로 나온 와인을 계속해서 마시고 있었다. 그러다보니 카네이션 홀에는 박 교수와 영후, 기태, 조빛나 사장과 오혜진 사장만 남게 되었다.

"내가 마지막으로 한 마디만 할게."

박 교수가 말했다.

"교수님, 자꾸 마지막이라고 말하지 마세요. 어찌 보면 졸업은 새로운 시작이잖아요."

영후가 말했다.

"김 사장, 멘토가 말하는데, 끊으면 안 되지. 경고야. 조심해!

내가 하고 싶은 말은 '언제나, 어느 때나, 어디서든지, 나와 얘기하고 싶으면 연락해!

나는 너희들의 멘토잖아!

마지막으로 건배하자고!

내가 '우리들 창업의 성공을 위하여'라고 하면, 너희들이 '성공을 위하여'라고 하자고."

"우리들 창업의 성공을 위하여!"

"성공을 위하여!!"

건배 소리는 카네이션 홀 밖에까지 울려 퍼졌다.

창업 자금, 무한도전

영후는 창업선도대학을 통해서 받은 정부 지원금으로 시제품 개발을 완료하고, 의료기기 제조업 허가 및 품목별 인증 신청을 하기 위해서, 시제품으로 안정성과 효능 검증 시험을 진행했다.

영후는 식품의약품안전처의 의료기기 관련 자료와 법령 및 고시 자료를 조사하고 공부를 했지만, 허가 신청의 전체적인 구조를 이해하고, 기술 문서를 작성하는 것이 쉽지 않았다. 영후는 잘 모르는 것이 있으면, 박 교수를 찾아가거나, 전화로 물어 보기도 하고, 이메일로 식품의약품안전처에 민원을 내기도 하면서, 모르는 것을 하나씩 배우고 있었다.

구강살균기의 시제품으로 시장조사를 함으로써, 고객의

반응을 알아보고 시제품을 수정 보완하는 것도 필요하지만, 제품을 양산하기 위해서는 작은 규모라도 의료기기의 조립 라인 및 제품 보관 창고 등의 시설이 필요했다. 따라서 이러한 에어샤워 시설 및 클린룸 설치 등에 필요한 자금을 조달해야 하는데, 영후는 금리가 싸고, 좋은 자금을 어떻게 조달해야 하는지를 잘 알 수 없었다.

영후는 기태에게 전화를 했다.

"어…, 기태야. 잘 지내고 있냐?

그런데 넌 어디서 돈을 빌렸냐? 좋은 방법이 있으면 좀 알려줘…."

"형님은 귀신이네요….

그러지 않아도 박 교수님께 자금 조달하는 걸 여쭤 보려고, 오후에 연구실로 간다고 했는데….

제가 형님 집 앞으로 모시러 갈게요."

"교수님, 어떻게 지내십니까?

창업자들이 졸업을 해서, 조금 여유가 있으시죠?"

영후가 박 교수에게 인사를 건넸다.

"응, 어서 와.

김 사장도 같이 왔구먼.

사업하려니까, 제품 만들랴, 돈 구하랴….

힘들지?"

"네. 제가 이러려고 사업을 했나 하는 자괴감이 듭니다."

영후가 말했다.

"엄살 부리지 말고….

자금 조달하는 방법을 일러줄 테니, 잘 듣고 실행을 하면 돼.

하지만 담보가 없고, 매출이 없는 상태이기 때문에 많은 돈을 조달하기는 힘들어.

그렇다고 금리가 높은 저축은행이나 대부업계 자금을 써서는 안 된다는 것은 잘 알고 있을 거야….

창업자가 자금을 조달하는 데에는 우선순위가 있는데, 먼저 상환 의무가 없는 정부 지원금이 1순위이고, 그 다음이 중소기업진흥공단의 저리 대출금이야.

창업자가 받을 수 있는 저리 대출금은 창업기업지원자금과 재창업자금인데, 중소기업진흥공단이 직접대출을 하는 신용대출이지. 이런 자금은 월별로 자금이 조기에 소진되는 경우가 많아서, 미리 관할 지역본부에 알아보고 준비를 해야 필요한 시기에 자금을 조달할 수 있어.

김 사장이나 홍 사장은 재창업에 해당하니까, 재창업자금을 받는 것이 조건 면에서는 더 유리할 것 같은데…."

"제가 며칠 전에 중소기업진흥공단에 가서 상담을 했는데, 이번 달에 창업기업지원자금은 이미 소진되었고, 재창업자금만 남아 있다고 신청서를 내라고 하던데요….

좀 많이 받을 수 있을까요?"

기태가 물었다.

"아니….

내가 말할 수 있는 건 아니지만, 필요한 자금을 신청하면, 평가를 통해서, 금액이 결정되겠지.

얼마나 받아야 하는데?"

"2억 원 정도 있어야 하는데, 그 정도는 안 줄 것 같아서요…."

"부족한 자금에 대해서는 기술보증기금에 가서 상담과 신청을 하고 기술 평가를 받으면 기술보증기금이 보증서를 발급할거야. 그러면 거래은행에 가서 보증서 담보 대출로 부족한 자금을 받아야지….

기술보증기금은 연리 1% 정도의 보증 수수료를 받고 보증서를 발급하니까, 보증서 대출은 중소기업진흥공단의 직접 신용대출보다는 금리가 조금 높다고 할 수 있지."

"저도 공장 임대하고, 제조 시설 설치하는데, 적어도 2억원 정도는 있어야 하는데, 중소기업진흥공단의 재창업자금을 먼저 알아봐야 하겠네요."

영후가 말했다.

"자네도 중소기업진흥공단에 가서 상담을 해서 재창업자금을 받아야지….

부족한 자금은 거래은행에서 기술보증기금의 보증서 담

보 대출을 받도록 하고…. 만약에 그것도 부족하면 소상공인지원자금을 받을 수 있어. 물론 지역 신용보증재단의 보증서를 담보로 은행에서 대출받는 것인데, 개인의 신용등급에 따라서 대출금액이 정해지지. 그런데 5천만 원 이상은 받기가 어려울 거야.

하여튼 열심히 알아보고, 뛰어다녀야 금리가 싸고 조건이 좋은 자금을 쓸 수 있어….

돈 얘기가 나왔으니까, 물어보는 건데….

김 사장, 비즈니스에서 돈이 어떤 의미를 갖고 있다고 생각하나?"

"돈이란 비즈니스에서 없어서는 안 되는 피와 같은 것입니다. 제가 벌어 놓은 돈이 없어서 피가 마르는 것 같습니다."

"맞아. 창업에 있어서 돈은 인체의 피라고 할 수 있지.

그리고 돈은 우리에게 자유와 권력을 주는 것이야.

그게 무슨 말이냐 하면, 창업자가 돈에 대해서 긍정적이고 적극적인 마음을 갖고, 정당하게 돈을 벌어야 하고, 돈의 노예가 되어서는 안 된다는 거야.

창업자가 돈을 벌면, 남의 노예가 되지 않고, 남의 간섭을 받거나 남에게 부탁을 하지 않고 자유롭게 살 수 있다는 것이지.

하지만 돈을 많이 벌었어도 돈의 노예가 되면 오히려 돈에 의해서 구속되고, 다른 사람들에게 손가락질을 받게 되지.

김 사장이나 홍 사장도 자유와 권력을 원한다면, 비즈니스로 돈을 많이 벌어야 하지만, 돈의 노예가 되어서는 안 된다는 것,

명심하도록 해!"

"네. 교수님. 오늘 말씀 명심하겠습니다."

영후가 말했다.

"교수님, 퇴근 시간이 다 되어 가는데, 분당으로 가서 간단하게 한 잔 할까요?"

기태가 말했다.

"아니야. 내일 강의가 있어서, 준비도 해야 하고, 요즘 집 사람 눈치가 곱지 않아서….

오늘은 각자 집에 들어가도록 하고, 다음에 내가 한 잔 살게…."

분당의 작은 횟집에서 도다리와 소주를 시켜 놓고, 영후와 기태는 자금 문제를 걱정하고 있었다.

"형님은 2억 원 정도로 자금 문제가 해결되겠습니까?

그리고 의료기기 제조 허가를 받는 데도 6개월 정도 걸리잖아요…."

기태가 걱정스럽다는 듯이 물었다.

"그러니까 피가 마른다는 거지….

의료기기 제조업 허가 및 품목별 인증까지는 혼자서 버텨

봐야 하겠지만, 제품을 양산하는 시점에는 직원을 두세 명 써야 하고, 버는 돈은 없고, 나가야 할 돈만 있으니까, 걱정이 되는 거지….”

“박 교수님 말씀대로, 내일부터 뛰어다녀서 두 달 정도 지나면, 2억 원은 대출 받을 수 있겠죠?”

“기태야, 미리 걱정해 봐야 이마에 주름만 생기니까, 오늘은 술이나 마시자.”

“네. 그리고 재창업자금은 상대적으로 신청자가 적어서, 생각보다 금액도 많이 주고, 자금도 빨리 나오는 것 같은데, 내일 중소기업진흥공단에 가서 상담을 해 보시죠.”

“그래. 알았어.

그런데 넌 발효용기 언제 생산하냐?”

“저는 제품 양산 준비를 이달 안에는 마칠 수 있을 것 같고요, 마케팅 조사기관을 통해서 시장조사를 진행하고 있어요.”

“그래? 시장조사 비용도 많이 들 텐데….”

“형님, 조사비용이 천만 원 가까이 드는데, 제가 돈이 어디 있습니까?

정부의 마케팅 지원 사업에 선정이 돼서, 그 돈으로 하는 거죠.”

“어찌 되었든, 넌 돈 끌어 오는 데는 일가견이 있는 것 같아….

좋은 정보 있으면 즉시 연락해라!"

"걱정 마세요. 저나 형님이나 2억 원 정도는 받을 수 있을 거예요."

영후가 중소기업진흥공단에 재창업자금을 신청하고, 3주 정도 지나서, 중소기업진흥공단에서 영후의 사무실로 실태조사를 나왔다.

"김영후 사장님, 운전 자금을 2억 원 신청하셨는데, 1억 원 정도만 대출 받으시면 안 될까요?"

실태조사를 나온 직원이 영후에게 물었다.

"의료기기를 제조하는 설비와 공장 임차자금만 1억 5천만 원이 넘게 소요되는데…,

1억 5천만 원이라도 꼭 좀 부탁드리겠습니다."

"쉽지는 않을 것 같은데요, 본부에 들어가서 검토를 해보고, 다음 주에 연락드리겠습니다."

영후는 다음 날 기술보증기금을 방문해서, 보증 상담을 했다.

"사장님의 신용 상태는 괜찮고요, 기술 평가를 해 봐서 문제가 없으면 최대 1억 원까지는 융자를 받으실 수 있을 것 같습니다.

신청서와 사업계획서를 보내주시면, 빠른 시일 내에 기술 평가를 하도록 하겠습니다."

"사업계획서는 내일 오전까지 보내겠습니다. 감사합니다."

영후는 상담에 만족하면서, 기술보증기금을 나왔다.

영후는 과거 어려운 가운데에서도 은행 대출이자를 어기지 않고 잘 내서, 자신의 신용등급을 1등급으로 유지하고 있었던 것이 정말 잘한 일이라고 생각했다.

결국 영후는 약 두 달 만에 중소기업진흥공단에서 1억 5천만 원, 기술보증기금 보증서 대출 8천만 원, 총 2억 3천만 원의 자금을 대출 받았다.

기태도 중소기업진흥공단에서 1억 2천만 원, 기술보증기금 보증서 대출 8천만 원, 총 2억 원의 자금을 대출 받았다.

스승의 날은 금요일이었다.

영후는 기태에게 연락을 했다.

"기태야, 네가 우리 팀 사장들에게 연락해서, 졸업 후에 맞는 첫 번째 스승의 날인데, 박 교수님과 우리 멘티들이 같이 저녁식사를 하자고 얘기해 봐라…."

"네. 그거 좋은 생각인 거 같은데요….

일단 교수님 연구실로 오후 5시에 모이도록 하고, 교수님과 멘티들에게는 제가 연락할게요.

그리고, 오 사장님께는 형님이 연락하세요…."

"알았어. 그래도 너밖에 없구나…."

영후가 휴대전화를 끊자마자, 휴대전화 벨이 울렸다.

오혜진 사장이었다.

"김 사장님, 잘 지내시죠? 오랜만에 전화하는 거 같은데
요….

다음 주 금요일이 스승의 날인데, 우리 팀 사장님들과 교
수님을 찾아뵈면 어떨까 해서 전화 드렸는데요…."

"오 사장님, 제가 조금 빨랐는데요, 이미 다음 주 금요일
에 교수님 연구실에서 5시에 만나기로 했어요. 그날 뵙죠.
오 사장님은 요즘 잘 지내시죠?"

"네. 요즘 바쁘게 지냈는데, 조금 한가해지면, 우리 분당
사시는 분들과 식사라도 하기로 해요….

그럼 다음 주 금요일에 봬요."

4시 40분경에 영후와 멘티들은 박 교수의 연구실로 우르
르 들어갔다.

커피를 한 잔씩 하면서, 그들은 서로의 안부를 물어 봤다.

"고 사장은 자금 조달을 어떻게 할 예정인가?

뭐…, 자네는 문제없겠지만…."

인사를 마치자마자 박 교수가 고 사장에게 물었다.

"네. 이번 달 말에 반월공단에 80평 정도 되는 공장을 계
약해서 입주할 예정입니다. 자금은 퇴직금 등 갖고 있는 여
유 자금으로 일단 해결할 수 있습니다. 하지만 내년부터는
개발 자금과 운전 자금이 본격적으로 필요하기 때문에 연초

에 중소기업진흥공단과 은행에서 약 3억 원 정도를 빌릴 예정입니다."

"그래. 잘 생각했어….

아 참…, 김 사장과 홍 사장도 자금을 마련했나?

2억 원씩 받으려고 했지? 아마….

그리고 오 사장은 자금 여유가 있으니까, 대출할 필요는 없겠지?"

"박 교수님, 어제 입금이 되었는데, 저는 3천만 원 더 받았습니다."

영후가 자랑하듯이 말했다.

"알았어. 돈 많이 받은 게 자랑이냐?

오 사장처럼 자기 자금으로 하는 게 제일 좋지…."

박 교수가 한마디 던졌다.

"아이, 교수님도….

자금이 부족하지는 않은데요, 온라인 쇼핑몰 운영과 신제품 개발비, 인건비 등이 많이 들어서, 지난달에 중소기업진흥공단의 청년창업전용자금을 신청해서 1억 원을 받게 되었어요.

이 자금은 연 2.5%의 고정금리 대출인데, 착한 실패자는 안 갚아도 된다고 하던데요…."

오 사장이 말했다.

"그래. 역시 오 사장은 알아서 잘하니까, 내가 말할 필요가 없구나.

이렇게 모였으니까, 저녁식사는 내가 사도록 할게."

박 교수가 말했다.

"교수님, 왜 이러십니까?

창업선도대학을 졸업하고 처음으로 맞는 스승의 날인데, 저희들이 모든 걸 준비했습니다.

식당으로 가시죠…."

영후가 말했다.

만수무강에 도착한 박 교수와 멘티들은 예약한 방으로 들어갔다.

만수무강은 퓨전 중화요리를 하는 곳인데, 주인이 중국에서 거주하다 온 한국 사람이었다.

학교 근처에 있기 때문에 박 교수도 가끔 오는 곳인 것 같았다.

박 교수는 주인을 불러서 '수정방'을 가져 오라고 말했다.

50대 초반 정도로 보이는 주인은 키가 크고 번들번들한 외모를 갖고 있었다.

"내가 얼마 전에 수정방을 두 병 가져와서 먹다가 한 병을 보관해 놨는데, 오늘같이 기쁜 날에 한 잔씩 해야지…."

"감사합니다. 교수님.

수정방은 가격이 좀 나가는 술이잖아요.

한 잔씩 따르고, 교수님께서 건배사를 하시죠….”

영후가 말했다.

“그래. 스승의 날을 잊지 않고 찾아와줘서, 고맙고….

건배사는 내가 '무한도전' 하면, 여러분이 '도와주자'로 합
시다.”

“그런데 교수님, 갑자기 웬 무한도전이죠?”

조빛나 사장이 물었다.

“응…, 있잖아….

무조건 도와주자, 한없이 도와주자, 도와달라고 하기 전
에 도와주자, 전화 걸기 전에 도와주자.

말 되나?”

멘티들도 돌아가면서 건배사를 했기 때문에, 수정방은 금
세 바닥이 났고, 소맥으로 이어졌다.

모두의 건배사가 끝나자, 박 교수는 직업의식을 버리지
못하고, 강의실에서와 같이 질문을 던졌다.

“이 집은 오래된 집은 아닌데, 중화요리를 퓨전 식으로
만들어서, 고객을 만족시키고 있어. 나도 가끔씩 와 보지만,
이 집은 손님들로 거의 꽉꽉 차잖아?

내가 마케팅을 가르치다 보니까, 장사 잘되는 집을 일부
러 찾아가서 줄을 서서 먹기도 하는데….

이렇게 장사가 잘되는 집은 어떤 특징을 갖고 있다고 생
각하나?”

"비즈니스의 원리는 똑같다고 생각합니다. 해답은 '혁신을 포함한 마케팅'입니다. 혁신적 제품으로 고객에게 맞춘 마케팅을 하면 손님들이 줄을 서겠죠. 음식점에서의 핵심가치는 '맛'이니까, 먼저 맛으로 고객을 만족시켜야 하겠죠."

홍 사장이 대답했다.

"요즘에 백 회장인가 하는 분이 음식점으로 큰돈을 버신 것 같은데, 이 분의 비결은 한 마디로 뭐라고 말할 수 있을까?

조빛나 사장이 말해 보게."

"한 마디로, 싸고 맛있는 음식으로 고객을 만족시키는 것 아닌가요?"

"맞아. 그런데, 싸고 맛있게 만든다는 것이 그렇게 쉽지 않아.

좋은 재료로 맛있게 만들면서, 싸게 팔아서는 남는 게 없잖아. 하지만, 싸고 맛있는 음식을 먹고 싶다는 고객의 욕구를 채워 주지 않고는 절대로 돈을 벌 수 없어. 즉 돈을 벌기 위해서는 고객을 만족시켜야 해!

이것을 모르는 사람은 없을 거야. 하지만 음식점을 하는 많은 사람들이 이런 당연한 원칙을 지키지 않기 때문에 돈을 벌지 못하는 거야.

또 하나 주목할 것은 수도권이나 대도시는 값이 좀 비싸도 맛이 있으면, 손님들이 줄을 서는 것을 흔히 볼 수 있지.

이것은 어느 정도 값이 비싸도 맛이 있으면, 고객은 찾아온다는 걸 말하는 거지.

내가 하고 싶은 말은 비즈니스가 안 된다고 핑계를 대지말라는 거야.

그 원인은 고객에게 있지 않고 나에게 있기 때문이지. 무슨 말인지 알겠지?"

"교수님, 음식이 식으면, 맛이 없습니다. 강의 그만하시고, 식사 좀 하시죠.

그리고 제가 소맥 한 잔씩 다시 말아서 돌리겠습니다."

영후가 말했다.

실전 마케팅의 해법

 영후는 지난달, 아파트형 공장 2층에 실 평수 약 50평의 공장 겸 사무실을 임대해서, 한편에 의료기기 조립 라인 및 제품 보관 창고를 설치하고, 사무 공간을 마련했다.

 영후는 분당의 아파트형 공장의 사무실에서 식품의약품안전처에 제출할 의료기기 제조업 허가 및 품목별 인증 신청서의 기술문서를 작성하고 있었다.

 이때 영후의 휴대폰이 소리를 냈다.

 조빛나 사장이었다.

 "안녕하세요?

 바쁘실 텐데 전화를 다 주시고…, 좋은 일 좀 있어요?"

 "김 사장님께 부탁 좀 드리려고요, 무한도전 아시죠?

 무조건 도와주셔야 해요."

밝은 목소리로 조 사장이 말했다.

"목소리로만 들으면, 오히려 제가 도움을 받아야 할 것 같은데요….

제가 도울 수 있으면, 뭐든지 도와드릴게요, 말씀만 하세요."

"3시에 제가 김 사장님 사무실로 찾아갈게요. 지금 사무실이 어디죠?"

"분당에 있는 아파트형 공장인데요, 제가 주소 찍어 드릴게요."

꽃을 한 바구니 사가지고 들어온 조 사장은 영후와 공장과 사무실을 둘러보고, 회의용 탁자에 마주 앉았다.

"김 사장님은 회사가 틀을 잡아가는 거 같아서, 좋은데요….

그런데 전 온라인 서비스와 메뉴 준비는 거의 끝냈고, 시장조사도 마쳤는데, 아직 1호점 식당 점포를 구하지 못해서, 김 사장님께 도움을 청하려고 왔어요."

"앱으로 배달업만 하는 게 아니고, 식당도 하시게요?"

"네. 처음에는 앱으로 도시락 주문을 받아서 배달만 하려고 했는데, 조그맣게 1호점 식당을 내서 음식점과 배달업을 같이 할까 생각하고 있어요.

그래서 식당 후보지로 분당 지역을 생각했는데, 김 사장

님이 분당 지역을 잘 아시고 경험이 많으시니까, 도움 좀
받으려고요….”

“사실 제가 조금 바쁜데, 다른 분도 아니고 조 사장님 부
탁이니까, 콜입니다.

분당 지역은 정자 지역이 괜찮을 것 같은데, 그보다는 사
무실이 밀집되었지만, 식당이 아직 자리를 잡고 있지 않은
판교 지역을 알아보는 것이 좋을 것 같아요.

그런데 도시락이 일본식 에키벤또(Eki Bento) 아니었나요?”

“맞아요. 에키벤을 우리 입맛에 맞게 다섯 가지 종류의
도시락으로 준비했어요. 직장인이 주 대상인데, 육천 원부
터 이만 원까지 다양한 가격으로요….”

“그럼 제가 아이디어를 하나 낼게요. 잘되면, 공짜 도시락
좀 많이 주세요.

매장 안을 기차 안처럼 좌석을 배치하고, 스크린으로 일
본의 여러 역의 전경들이 지나가게 하면 어떨까요?”

“와…, 괜찮을 거 같은데요. 긍정적으로 검토해 볼게요.”

영후와 조 사장은 판교 테크노밸리 주변의 음식점을 할
수 있는 상가를 샅샅이 살펴보고, 야탑역 근처의 참치집에
서 마주앉았다.

“조 사장님이 마음에 들어 했던, 삼평동 중심 상가 1층에
있는 가게 말이에요….

월세가 너무 비싼 거 아닌가요? 권리금이 없어서 좋기는
하지만….”

“네. 맞아요. 하지만 근처에 기업들이 많고, 유동인구도
많아서, 탐나는데요….

좀 생각해 보고, 월세를 좀 깎든지 해서 계약할까 해요.
하여튼 오늘 너무 감사합니다.

저녁은 제가 살 테니, 마음껏 드세요.”

“어…, 조 사장님, 어쩐 일이세요. 여기서 뵙네요.”

기태가 테이블로 걸어오면서, 조 사장에게 인사를 건넸다.

“기태가 삐질 것 같아서, 제가 연락했습니다. 괜찮죠?”

영후가 말했다.

“그럼요…, 홍 사장님! 그러지 않아도 같이 식사라도 하
려고 했는데….”

조 사장이 말은 그렇게 했지만, 표정이 좋은 것 같지 않
았다.

“기태야, 네가 지난달에 준 발효용기로 아로니아 술을 담
았는데, 언제쯤 먹을 수 있겠냐?”

“한 달쯤이면, 발효가 다 되니까, 이제 드시면 되겠네요.”

“홍 사장님은 발효용기 판매를 시작하셨나요? 판매가 잘
되세요?”

“지난달에 7리터짜리 발효용기 5만 개를 생산해서, 마케
팅을 시작했는데, 아직 많이 팔리지는 않아요.

블로그를 통해서 개당 35,000원에 판매하고 있는데, 조금씩 판매가 되고 있어요.

조 사장님은 영업 시작하셨나요?"

"오늘 김 사장님과 에키벤 1호점 점포를 알아보려고, 같이 돌아봤는데, 월세가 만만치 않더라고요…."

"그러게요…, 월세가 너무 비싼 거 같아요.

오늘 고생 많이 하셨으니까. 소맥으로 한 잔씩 하시죠."

뒤늦게 합류한 게 부담스러운지, 기태가 소맥을 연거푸 돌렸다.

술이 약한 편인 조 사장은 처음에는 조금씩 술을 마시더니, 이내 주는 대로 술을 받아 마시고 있었다.

참치집을 나온 영후가 조 사장에게 말했다.

"집이 이태원이죠? 대리를 불러서 가셔야 할 거 같은데…."

"아뇨… 전 아직 괜찮은데, 술도 깰 겸, 노래방 어떠세요?"

"형님, 전 먼저 가볼게요. 내일 아침에 일이 있어서…."

"그래? 그러면 둘이 가기는 좀 그러니까, 다음에 가기로 하죠."

"아이… 둘이 가도 문제없어요. 한 시간만 부르고 가요…."

술이 취해서 기분이 좋아진 조 사장이 평소와 다르게 발동을 걸었다.

지지(GeeGee) 노래연습장에는 방마다 손님들로 가득 차 있었다.

방으로 들어간 영후와 조 사장은 노래방 모니터를 보고 나란히 앉아서 맥주로 건배를 했다.

영후가 먼저 '걱정 말아요 그대'를 불렀다.

'그대여 아무 걱정하지 말아요….
우리 함께 노래합시다….'

"와…, 잘하시네요. 너무 잘하셔서 노래하기 겁나는데요….

그리고, 저하고 나이 차이가 많은데, 앞으로는 말을 놓으셔야 제가 편할 것 같아요.

저도 다른 사람들이 없으면, 오빠라고 부를게요."

"그래…, 빛나야….

이렇게 부르니까, 분위기가 훨씬 좋잖아….

그런데 개인적인 거 물어봐도 되나?

이제 오빠가 되었으니까, 동생에 대해서 어느 정도는 알아야 하니까 말이야….

왜 아직까지 결혼을 안 하고 있는 거지?

올해 서른여섯인가, 그렇잖아?"

"만으로 서른여섯이죠.

그런데 오빠는 돌싱이시죠?

왜 이혼하셨어요?"

"내가 먼저 물어 봤는데, 반격을 하네….

그럼 내가 솔직하게 말하면, 빛나도 솔직하게 이야기하기, 콜?"

"좋아요. 거짓말하기 없기예요…."

"난 홍콩에서 바람피우다 걸려서, 이혼 당했어.

애들도 내가 맡아서 키우고 있고, 벌써 이혼한 지 10년이 넘었어.

내가 어쩌다가 이렇게 되었나 하고 후회도 했지만, 지금은 이 생활이 많이 익숙해져 있는 거 같아….

간섭하는 사람이 없어서 편하기는 하지만, 늘 허전한 느낌을 지울 수 없거든…."

"오빠, 제가 지금 하는 말, 완전 비밀이에요.

다른 사람한테 절대로 얘기하면 안 돼!

사실 난 5년 전에 같은 호텔에서 근무했던 남자와 결혼했었는데, 한 달 만에 이혼했어.

결혼을 했는데, 이 남자는 아니라는 생각이 들어서, 혼인신고도 안 하고 이혼하자고 했어….

그러니까 난 법적으로는 싱글이지만, 사실상 오빠처럼 돌싱이야…."

"와…, 반전….

그런 의미에서, 같은 돌싱끼리 건배하자!"

영후와 빛나는 노래 부를 생각은 하지 않고, 계속 맥주를 마셨고, 두 시간이나 지나서 노래연습장을 나왔다.

영후는 빛나를 부축하고, 근처의 모텔로 들어갔다.

빛나가 판교 테크노밸리에 식당을 오픈한 것은 여름이 끝나갈 무렵이었다.

오픈하기 하루 전에 박 교수와 멘티들이 식당에 초대를 받았다.

식당은 전용면적이 30평 정도 되었는데, 조리실과 작은 사무공간을 제외하면, 홀은 약 15평 정도 되는 비교적 넓은 공간이었다. 홀은 영후가 말한 대로, 기차 안을 그대로 옮겨 놓은 듯한 모습이었다.

박 교수가 매장을 둘러보며, 축하 인사를 했다.

"정말 좋은데….

대박이야!

역시 조 사장은 센스가 있어."

박 교수와 멘티들은 회의용 탁자가 있는 작은 공간으로 가서, 차를 한 잔씩 마시면서 지나간 일들을 이야기하고 있었다.

"홍 사장, 그래, 마케팅은 잘 진행되고 있나? 대길공업과는 협력 잘하고 있고?"

박 교수가 기태에게 물었다.

"대길공업과는 아직 총판계약을 하지 않았는데, 지금 세부 사항을 협의하고 있습니다."

"대길공업이 원하는 것을 가능하면 맞춰주도록 해. 대길공업은 큰 고객이고, 거래처잖아.

내가 대길공업 오 사장과 한 번 만나볼까?"

"아닙니다. 제가 대길공업과 협의해서 총판계약을 잘 마무리하겠습니다.

그리고 지난 6월에 7리터짜리 발효용기 5만 개를 생산해서, 마케팅을 하고 있는데, 많이 팔리지는 않습니다. 가격이 높아서 그런 것 같기도 하고요…."

"단순히 가격이 높아서 제품이 팔리지 않는 것은 아닐 거야….

초기 시장에서 어떻게 마케팅을 해야 하는지 잘 생각해봐야 하고….

현재는 블로그에서 입소문을 통해서 판매한다고 했지? 반응은 어때?"

"지난주에 이미 블로그의 하루 방문객 수가 일만 명을 돌파했는데, 방문객 수를 꾸준히 유지하기 위해서, 최근에 새로 온라인 마케팅을 도와주실 여자 분을 채용했습니다. 그분이 일을 잘해 주셔서, 블로그 방문객 숫자가 점점 올라가고 있습니다. 곧 홈페이지를 제작해서 블로그와 연결하면, 회사 홈페이지에서도 판매를 할 수 있을 겁니다.

그리고 오프라인 마케팅을 위해서 대형마트 한 곳, 백화점 한 곳과 입점을 위한 협상을 진행하고 있습니다. 또한 다음 달부터는 판매 사원을 두 명 채용해서 전시회, 먹거리 축제, 술을 담아서 판매할 수 있는 음식점 등에서 홍보와 판매를 겸한 마케팅을 진행할 예정입니다."

"오프라인 판매망을 이용하기 위해서는 고객에게 자네 제품을 많이 홍보해야 할 텐데, 아무래도 홈쇼핑 쪽을 알아보는 게 빠르지 않을까?"

"교수님께서 전에도 말씀을 하셔서, 제 제품을 홈쇼핑에 판매해 줄 벤더사와 지난주에 계약을 체결했는데, 벤더사가 잘할지 모르겠습니다."

"뭐…, 벤더사를 통해서 홈쇼핑 채널에 입점할 수도 있지만, 최근에는 공영 홈쇼핑 채널도 생겼고, 창업진흥원의 홈쇼핑 지원 사업도 있어서, 홈쇼핑과 직접 거래를 하는 것이 더 좋을 거 같은데….

장단점이 있지만 말이야….

하지만 계약을 체결했다니까 할 수 없고….

김 사장은 요즘 어떻게 지내는데?

제품의 의료기기 허가는 받았나?

요즘 내가 잇몸이 안 좋아서, 치과 치료를 받고 있는데, 그 제품을 먼저 써 봐야 되겠어."

"그렇게 말씀하실 줄 알고, 교수님 드리려고 한 세트 가지고 왔습니다. 양산한 제품은 아니고요, 시제품인데, 테스트 결과가 좋은 편입니다.

이번 달에 제조업 허가 신청을 해서 허가가 나면, 품목별 인증 신청을 하고….

아무래도 내년 초 정도는 되어야 판매를 할 수 있을 것 같습니다.

이번 달에 제조를 담당할 직원도 한 분 채용했고, 계속 돈만 쓰고 있습니다.”

“그러게…, 의료기기는 인허가에 시간이 많이 걸려서 말이야….

하지만 어쩌겠나? 자금 관리와 마케팅 준비를 잘 해서 대박 한 번 내야지.

오 사장은 요즘 잘하고 있지?

장 사장에게서 대만으로 25만 불의 랏셀레이스 원단을 수출할 예정이라는 얘기는 들어서 알고 있어.”

“교수님 덕분에 잘되고 있습니다. 하지만 원단 수출은 거의 안 남는데, 제 본업은 아니니까 수출하기로 했어요.”

“그래. 얼마나 남는데?”

“수출이 되면, 약 2% 정도 남을 것 같습니다.”

“오 사장! 잘했어. 사업 초기에는 조금 남더라도 망설이지 말고 팔아야 돼. 더구나 사이드 업무잖아. 다음에는 250만 불 어치를 수출할 수 있을 거야. 파이팅!

고 사장도 잘하고 있겠지? 어때?"

"네. 계면활성제는 꾸준히 팔리고 있고, 폴리실라잔은 일본산을 대체하기 위해서 S전자에서 테스트를 하고 있습니다. 결과는 이번 달 말 정도 되어야 나올 것 같습니다."

"S전자와 일이 잘 안될 것 같으면, 나한테 전화해. 내가 한번 힘좀 써 볼게.

자네도 알다시피, 내가 안 되는 것을 되게 할 능력은 없지만, 어느 정도 가능성이 있으면, 밀어붙이게 할 수는 있잖아.

이 사장은 요즘 어떤가?"

"교수님도 아시다시피 앱 기반의 맞선 소프트웨어를 만들어서 약 3개월간 클로우즈드 베타서비스를 실시했는데, 수정해야 하는 부분이 조금 많아서 지난달에야 겨우 완성을 했고, 현재 서비스를 시작한 상태입니다.

아직까지는 성과가 그렇게 좋은 편은 아닌 것 같습니다."

"계속하는 얘기지만, 목표 고객에게 맞춤 서비스를 제공한다는 것이 그렇게 쉬운 일은 아니잖아?

창업자는 자신의 생각을 버리고, 고객이 원하는 것을 사소한 부분이라도 맞춤으로써 고객을 자신의 편으로 만들어야 해.

그러면 고객은 이 사장의 서비스가 좋다고 입소문을 내줄 거야. 안 그런가?"

"알겠습니다. 지금도 고객과 늘 소통을 하면서, 서비스를 완벽하게 만들기 위해서 노력하고 있습니다.

조금 더 시간이 지나면, 잘될 것 같습니다."

"교수님, 제가 요즘 궁금한 게 있는데, 질문 하나 해도 됩니까?"

영후가 점잖게 대화에 끼어들었다.

"그럼, 멘토가 왜 있겠나?

궁금한 게 있을 때 물어보라고 있는 거지.

뭔데?"

"지난번에 대출을 받아서, 사무실과 공장도 만들고, 의료기기 허가까지는 잘 진행할 수 있었지만, 제품을 양산하게 되면 회사 운전 자금과 마케팅 자금 때문에 돈이 더 필요할 것 같습니다.

하지만 그 후에 발생하는 자금 소요에 대한 대책이 없기 때문에….

뭔가 방법이 있겠죠?"

"이런 경우에 필요한 것이 투자인데, 투자자와 투자를 받는 기업 사이에는 커다란 갭이 발생하지. 이러한 갭은 정부에서 창업자에게 투자를 하라고 독려한다고 해결되지는 않아.

투자자는 자선사업가가 아니기 때문이지.

자네는 이러한 갭을 어떻게 극복해야 한다고 생각하나?"

박 교수가 영후의 얼굴을 지그시 바라보면서 물었다.

"마케팅의 원리와 마찬가지로 투자자가 만족할 수 있도록, 투자하는 분에게 조건을 맞춰 주어야 하지 않을까요?"

"그러니까 어떤 방법으로 맞춰 줄 건지를 묻는 거야."

"매출을 많이 하고, 궁극적으로는 수익을 많이 냄으로써 자사의 주식 가격을 높여서, 주식 시장에 상장을 해야지요."

"누가 그것을 모르겠나? 투자자들은 그들이 믿을 수 있는 증거를 요구하는 거야. 기업이 마케팅에서 성공하고 있다는 증거와 마케팅을 통해서 많은 이익을 낼 거라는 증거를 원하지.

또 하나 중요한 것은 소위 출구 전략이라고 하는 것인데, 주식시장에 상장을 하거나, 회사를 높은 가격에 다른 회사에 팔아서, 투자자에게 원금의 몇 배가 되는 수익을 얻을 수 있게 하라는 거야.

김 사장도 투자자 입장에 서 보면 그들의 요구를 이해할 수 있을 것 같은데?"

"그렇지만 투자자가 창업자에게 향후 투자 원금의 몇 배 또는 몇 십 배를 원하는 것은 조금 심한 거 아닌가요?"

"아니야. 투자를 받아서 투자자가 원금의 몇 십 배의 돈을 회수할 수 있다면, 투자자와 투자 받은 기업 중에 누가 더 좋겠나?

말할 필요도 없이, 투자 받은 기업이 훨씬 더 좋은 거야.

우리는 그 사례를 알리바바의 마윈 회장에게서 찾을 수 있잖아. 전문투자회사인 일본 소프트뱅크의 손정의 회장은 재일교포인데, 손 회장과 소프트뱅크가 사업 초기에 마윈에게 투자해서, 마윈의 알리바바 그룹은 중국 전자상거래 시장의 약 80%를 차지하고 있다고 하잖아.

마윈 회장과 손 회장 중에서 누가 더 좋은지는 말할 필요가 없는 것 아닌가?

그러니까 창업자는 투자자의 투자를 소중하고 고맙게 생각하고, 마케팅을 잘해서 최고의 수익을 내는 회사를 만들기 위해서 노력해야 하는 거야."

"오늘 교수님과 사장님들께서 저희 회사를 방문해 주시고, 격려해 주셔서 감사합니다.

그 보답으로 제가 2차를 쏘도록 하겠습니다."

대화가 지루하게 계속되자, 빛나가 2차를 제안했다.

"그래? 그러면 수내동에 내가 잘 아는 참치집이 있는데, 괜찮을까?"

"네. 근처에 마땅한 집이 없는데, 그 집으로 가시죠."

박 교수와 멘티들은 수내역 부근에 있는 '큰 바다 참치'라는 참치집에 들어가서 자리를 잡고 앉았다.

30대 후반으로 보이는 참치집 주인은 박 교수에게 반갑게 인사를 했다.

"교수님. 오래간만에 오셨네요. 한 동안 안 오셔서 궁금했는데…."

"어…. 고 사장! 잘 지내셨소? 나도 고 사장이 보고 싶었는데….

오랜만에 보니 더 반가워!

오늘은 내가 앞으로 크게 될 사장들을 모시고 왔으니까, 좋은 부위로 많이 줘.

늘 먹는 걸로 하고…."

"교수님, 걱정 마세요. 우리 집 우수고객이신데, 제가 맛있고 편안하게 즐기실 수 있도록 모시겠습니다. 감사합니다."

"그러면 여기는 교수님 구역이신 것 같으니까, 맘껏 먹도록 하죠.

여긴 무한리필 맞죠?"

영후가 고 사장에게 물었다.

"원래 저희 집은 무한리필 집은 아닌데, 오늘은 제가 무한으로 드릴게요.

천천히 많이 드세요."

고 사장이 카운터로 돌아가자, 영후는 폭탄주를 만들어서 한 잔씩 돌렸다.

"김 사장, 이 집주인, 고 사장 말이야.

꽤 미인이지? 아닌가?"

"네. 제 스타일에 가까운 것 같습니다. 하지만 왜 여기 사장님 얘기를 하시는 거죠? 저보고 재혼하라는 건가요?"

"하?, 이 친구 보게나….

오늘 처음 보는데, 재혼이 웬 말인가?

맘에 들면, 잘되게 신경을 써 줄 수는 있다는 거지.

자네한테만 하는 얘긴데, 고 사장은 돌싱이야.

2년쯤 전에 남편과 사별했다고 하더군.

그리고 봐서 알겠지만, 고 사장이 마케팅 능력이 뛰어나!

일 년 반쯤 전에 이 가게를 인수했는데, 권리금도 거의
없었거든….

지금은 권리금이 억대야.

고 사장은 개업했을 때부터 고객 만족을 위해서 물불을
가리지 않고 열심히 했어. 요즘도 마찬가지지만 말이야. 지
금도 빈 테이블이 없어서 손님들이 돌아가는 것, 봤지?"

"교수님 말씀을 듣고 보니, 고 사장이란 분이 보통 분은
아닌 것 같습니다.

그렇지만 이 자리에 빛나, 아니 조 사장도 있고, 오 사장
도 있으니까, 그 얘기는 여기서 마치기로 하시죠."

영후가 말했다.

"그래. 오늘은 마음껏 먹자고! 내일이 토요일이잖아.

그리고 오늘은 이 집에서 무한리필을 해 주기로 했잖
아…."

박 교수는 요일을 착각하고 있었지만, 기분 좋은 얼굴로

말했다.

참치집을 나온 박 교수와 멘티들은 모두들 술에 취해 있었다.

인사를 마치고, 영후가 기태와 둘이서 택시를 잡으려고 서 있는데, 오 사장이 다가왔다.

"맞다. 오 사장님은 댁이 수내동 아닌가요?"

"안 바쁘시면, 저랑 얘기 좀 해요. 여쭤 볼 말이 있어서…."

"기태야, 너 먼저 가라. 내일 전화할게."

영후와 오 사장은 근처 호프집에서 500cc 생맥주를 앞에 두고 마주 앉았다.

"저번에 제가 얘기한 것 때문에 보자고 하신 건가요?"

영후가 물었다.

"아…, 진지하게 사귀어 보자는 말이요?

뭐…, 그것과도 관련된 일이기도 한데요….

요즘 조빛나 사장하고 꽤 잘 지내시는 것 같은데….

두 분이 어떤 사인지 말씀해 주실 수 있나요?"

"흑…, 술이 도로 넘어 오려고 하네요.

누가 그런 말을 하던가요?"

"그건 아실 필요 없고요. 어떤 사인지나 말해 보세요."

영후는 술이 많이 취해 있었지만, 이 자리를 어떻게 모면해야 할까 하는 생각뿐이었다.

"그게…, 제가 조 사장이 판교에 1호점 내는 자리를 알아
봐 주느라고, 몇 번 만난 것뿐이고, 조금 친해져서, 사석에
서는 말을 놓기로 한 것이 전부예요."

"그럼 저하고 진지하게 사귀어 보자는 말은 없었던 일로
해야겠네요."

"그거 하고는 다르죠.

사실 오 사장님과는 멋진 인생을 함께 만들고 싶은 거고
요…."

"좋아요. 그럼 이번 달부터 12월까지 매달 세 번째 수요
일마다 저녁 때 만나기로 해요."

창업자의 길

영후는 새해 2월 초가 되어서야 겨우, 구강살균기의 의료
기기 품목별 인증을 받고 제품을 양산할 수 있었다. 하지만
처음부터 많은 수량을 생산할 수 없어서, 1,000세트를 먼저
생산해서, 영업을 시작하기로 했다. 적은 수량을 생산하면,
LED 칩 가격뿐만 아니라, 모든 부품 가격이 비쌀 수밖에 없
지만, 어쩔 수 없는 일이었다.

또한 구강살균기가 그동안 세상에 없었던 혁신적인 제품
이기 때문에, 구강살균기를 알고 있는 고객이 전혀 없고, 따
라서 영후는 구강살균기를 사용해야 하는 고객을 일일이 찾
아다니며 설득을 할 수밖에 없었다.

영후는 고등학교 동창인 치과 의사를 찾아가서 구강살균
기의 효능을 설명하고, 환자에게 사용할 수 있도록 설득하

는 일부터 시작했다. 그 친구의 소개로 다른 의사들을 만났고, 무료로 구강살균기를 사용할 수 있도록 하였다.

한 달 정도 치과 의사들과 의료기기 판매상을 만나서 제품을 설명하고, 무료 사용 기회를 주었지만, 제품을 홍보하는 것일 뿐, 매출이 일어나지는 않았다.

열심히 영업을 했지만 성과가 없자, 영후는 기태에게 전화를 했다.

"기태야, 오랜만이다. 바쁜 건 알지만, 연락이라도 자주 해라….

오늘 금요일이기도 하고, 기분도 꿀꿀한데, 소주나 한 잔 하자."

"죄송합니다. 형님….

제가 이번 주에 정신이 없어서 전화도 못 드렸네요. 저녁에 제가 소주 한 잔 사겠습니다. 수내동 참치집으로 오세요."

영후가 6시가 조금 안 된 시간에 수내동의 참치집으로 들어가자, 참치집 주인인 고 사장이 반색을 하면서, 영후를 맞았다.

고 사장은 조그만 방으로 영후를 안내했다.

"이 시간에 방이 아직 남아 있었네요. 제가 누군지 아세요?"

"그럼요. 박 교수님과 저번에 한번 오신 적이 있으시잖아요. 오늘은 몇 분이나 오시죠?"

"한 분이 더 오실 건데, 전에 먹었던 코스로 주세요."

"네. 제가 좋은 부위로 서비스 많이 해 드릴게요. 천천히 많이 드세요."

고 사장이 나가고 얼마 지나지 않아서 기태가 방으로 들어왔다.

"형님, 여기 사장이 저를 금방 알아보고 이 방으로 안내하는데요, 얼굴도 예쁘고, 장사도 잘하는 것 같아요…."

"그래서 뭐 어쩌라고? 너나 어떻게 잘해 보지 그러셔?"

"뭐…, 형님이 싫다고 하시면, 제가 좀 자주 오면서, 틈을 한번 봐 볼까요?"

"난 관심 없으니까, 알아서 하세요….

그나저나 넌 홈쇼핑 하는 거 잘되고 있냐?"

"홈쇼핑 그거 쉽지가 않던데요….

제가 계약한 벤더 업체는 계속 기다리라고만 하고, 홈쇼핑 업체 MD들과 미팅도 했는데, 아직 방송 일정은 잡지 못했어요.

다행스러운 건 서울에 있는 K방송에서 우리 제품을 소개해 준다고 해서, 다음 달 초에 제가 방송에 나가게 되었습니다."

"야…, 축하한다. 드디어 네가 뜨려고 시동을 거는 것 같은데….

네 발효용기가 방송에 소개되면, 홈쇼핑에서 방송을 하는 것도 시간문제 아닌가?"

"그렇죠. 아무래도 방송에 나가면 조금 달라지겠죠. 방송에 나가게 된 것도 블로그 마케팅을 열심히 했기 때문인 거 같아요. 저번에 새로 영입한 여자 이사 분을 제가 잘 모셨더니, 정말 좋은 일이 생기는데요.

형님은 요즘에 어떠십니까?"

"나? 나야 요즘에 사는 게 사는 게 아니다. 돈은 계속 들어가고, 매출은 안 올라오고….

내가 세 번째 사업을 하는 거지만, 이번에도 잘못 될까 싶어서, 밤잠을 못 잘 정도야….

어쩌면 좋겠냐?"

"형님, 제가 마케팅은 조금 알지 않습니까? 그런데 형님 제품은 혁신적인 제품이어서, 고객이 제품을 알고 구매를 하는 데까지 상당한 시간이 걸린다고 봐야 할 것 같아요. 제 제품도 혁신적인 제품에 속하기 때문에, 형님보다는 덜하지만, 고객에게 제품을 홍보하는데, 정말 고생을 많이 했잖아요….

전 블로그 운영을 열심히 해서 상당한 고객을 확보했다고 생각합니다. 형님도 블로그를 운영해 보시는 게 어떻겠습니까?"

"그래. 네 블로그에 하루 만 명이 넘게 들어온다는 얘기를 듣고, 나도 블로그를 해야겠다고는 생각했지만, 어떻게 하는지도 잘 모르겠고, 블로그를 운영할 사람을 새로 채용해야 하니까, 돈도 걱정이 되고….

여러 가지로 고민이다."

"블로그를 운영할 분은 제가 한번 알아볼게요. 그리고 자금 문제는 박 교수님과 상의해 보시는 게 좋을 거 같습니다."

"그래 나도 그렇게 해야 되겠다고 생각하고 있었는데, 네가 3월 초에 방송 나가고 나서, 박 교수님을 같이 만나보러 가자. 괜찮겠냐?"

"그럼요. 형님 일이 제 일인데요, 그렇게 하시죠.

그리고 오늘은 형님이 그만 드시자고 할 때까지 제가 살 테니까, 걱정하지 마시고 편안하게 드세요."

"그럼, 내가 언제 네 눈치 보면서 먹더냐? 방송 출연이 결정되었으니, 당연히 네가 사야지….

나도 제품 좀 판매되면, 크게 한번 살게…."

이때 영후의 휴대폰이 울렸다.

"응…. 응…. 수내동 참치집에 홍 사장과 같이 있는데, 이리로 와라…."

"누군데요? 오 사장님 전환가요?"

"아니, 조빛나 사장인데, 뭐 하냐고 해서, 이리로 오라고 한거야…."

"형님, 오 사장과 조 사장 사이에서 자꾸 왔다 갔다 하시면 안 됩니다. 두 분이 다 형님을 좋아하는 것 같던데….

나중에 일 나는 거 아닙니까?"

"그러게 말이야…, 없어도 걱정이고, 많아도 걱정인데, 그래도 많은 게 낫지 않냐?"

"형님, 형님이 저보다 여자는 잘 다루시니까 걱정하는 건 아닌데, 조 사장이나, 오 사장의 마음에 상처를 내서는 안 되잖아요….

전 형님이 조빛나 사장은 그만 만났으면 좋겠어요."

"글쎄 나도 그렇게 하고 싶지만, 마음이 약해서 그런지, 조 사장에게 그런 말을 할 자신이 없고,

너무 잘해 주니까….

하여간 그 얘기는 그만하자…."

3월 첫째 주 수요일 저녁 6시에, 영후는 사무실에서 기태가 출연하는 K방송의 프로그램을 보고 있었다. 기태는 늘씬한 리포터와 함께, 발효용기로 요즘 유행하는 파인애플 식초를 만드는 방법을 설명했다. 소주를 넣지 않고, 물과 설탕만으로 술을 만들고, 밀폐되어 있던 용기에 담겨 있는 파인애플 술에 공기를 접촉시켜 저어주면서, 파인애플 식초를 만드는 방법을 동영상과 실연으로 보여주고 있었다.

기태는 평소보다 말도 잘하고, 여유를 갖고 방송을 하는 것 같았다.

영후는 기태에게 전화를 했다.

"야…, 축하한다. 너 방송 체질이던데….
발효용기 판매는 시간이 해결해 줄 것 같아…."

"감사합니다. 이 모든 게 형님이 밀어주셔서 된 거죠.
술 한 잔 하셔야죠?"

"그래. 술까지 한 잔 산다고 하니 정말 고마운데, 오늘은
선약이 있어서, 어려울 것 같다."

"형님, 조 사장 만나는 건 아니죠?"

"야…, 그런 건 프라이버시니까 묻지 말고, 박 교수님께
연락해서, 금요일 오후에 약속이나 잡아라. 4시 경에 연구
실로 가겠다고 말씀드려…."

"네. 알겠습니다. 제가 금요일 3시에 형님 사무실로 모시
러 갈게요."

영후와 기태가 박 교수의 연구실로 들어가자, 박 교수는
책상에 앉아서 무언가를 작성하던 것을 멈추고, 반갑게 영
후와 기태를 맞았다.

"그러지 않아도 어떻게 지내나 궁금했었는데, 잘 왔어.
차 한 잔씩 하자고…."

"교수님, 요즘은 어떻게 지내십니까? 강의하랴 멘토링하
랴 바쁘시죠?"

영후가 물었다.

"아니야. 멘토링은 끝났고, 일주일에 강의 세 시간 하니까, 그다지 바쁘지는 않아….

김 사장은 판매를 시작했나?"

"저는 판매를 시작한 지 2개월이나 되었는데, 매출이 빵입니다. 그리고 지난번에 대출받은 돈도 거의 다 써서, 잠 못 이루는 밤을 지내고 있습니다."

"그래? 내가 어떻게 도와줘야 할까?

아무래도 의료기기는 허가를 받는 데까지 시간도 많이 걸리지만, 자네가 하는 구강살균기 같은 혁신적인 제품은 고객에게 알려서, 구매가 이루어지기까지 상당한 시간이 걸린다는 치명적인 단점이 있어.

내가 늘 얘기했었던 것이지만, 고객이 전혀 없는 시장에서, 자네 스스로 고객을 만들어야 한다는 것이지. 힘들겠지만, 초기 시장 전략에 맞춰서 고객을 만들어 가는 방법 밖에는 다른 방법이 없다는 거야….

하지만 말이야, 일단 고객을 만들게 되면, 그들이 쉽게 배신을 하지 않는다는 좋은 점도 있지.

그리고 내가 자네를 도와줄게. 내가 자네가 준 시제품을 써 봤는데, 상당히 효과를 봤어.

열심히 영업을 하면 좋은 결과가 있을 것 같은데…."

"네. 저도 최근에 제품의 성능이 괜찮다는 말은 들었는데, 정작 구매는 하지 않고 있어서, 이것을 어떻게 해야 할까 하고 생각 중입니다."

"초기 시장에서 구매를 망설이는 이유는 FUD 요소, 그러니까 학습이나 추가 비용 발생 등에 대한 두려움(Fear), 애프터서비스 등에 대한 불확실성(Uncertainty), 기능적 측면에 대한 의심(Doubt)이 크다고 할 수 있지. 하지만 치과 의사들에게는 치료가 잘된다는 증거 자료나 동영상 등으로 신뢰를 심어 주는 것이 무엇보다도 중요하다고 볼 수 있지. 한 번의 방문으로 끝내지 말고, 일주일에 한 번 정도 찾아간다고 생각하고, 될 때까지 해 보는 끈기가 필요해!"

"알겠습니다. 명심하겠습니다.

저는 지금 기태가 소개해 준 블로그 마케팅 전문가를 한 명 채용해서 블로그를 만들었습니다. '치아와 잇몸 관리하기'라는 전문 블로그인데요, 건강에 관련된 글과 먹거리에 관한 글을 계속 올리면서, 이웃들을 늘려가고 있습니다.

그리고 12번가와 S마켓 온라인 쇼핑몰에 입점 신청을 했는데, 이달 말경에는 입점이 될 것 같습니다.

의료기기 대리점에도 제품을 판매하기 위해서, 의료기기 총판업체를 만났는데, 따지는 게 많아서, 몇 번 더 만나야 할 것 같습니다.

그런데 제 경우에도 블로그 마케팅이 도움이 많이 될까요?"

"말해 뭐 하겠나? 그건 홍 사장이 잘 알잖아.

홍 사장은 홈쇼핑 준비 잘하고 있나?"

"네. 홈쇼핑 방송 일정이 곧 잡힐 것 같습니다. 얼마 전에 K방송에서 제 제품이 방송을 탔는데 반응이 좋았던 것 같아요. 그래서인지 몰라도 M방송에서도 출연 요청이 왔습니다."

"그래? 축하해!

홈쇼핑 방송도 상당히 매출이 일어나거나, 매출이 일어날 수 있는 환경이 되었을 때 하는 것이 좋은 경우가 많아.

홍 사장도 알겠지만, 첫 방송에서 반응이 좋지 않으면, 다음 방송을 못하게 되거나, 상당한 기간 동안 홍보와 판매를 한 후에 다른 홈쇼핑에 재도전을 하게 되는 경우가 많거든….

그렇게 되면, 예상 외로 비용 발생이 많아지게 되어서, 낭패를 볼 수가 있잖아?

그러니까 첫 방송의 매출을 자신할 수 있을 때, 홈쇼핑 방송을 하는 게 가장 좋다고 할 수 있지."

"네, 잘 알겠습니다. 저도 서둘러서 하지 않고, 첫 방송에서 1억 원 이상 매출을 할 수 있다고 판단되면 방송을 하려고 합니다.

5월경이면, 가능하지 않을까 생각합니다."

"그래. 자네야 잘하고 있지만, 김 사장이 문젠데….

오랜만에 모였으니, 수내동 참치집에 가서 한 잔 하면서 얘기하기로 하자고….

그리고 오 사장도 집이 수내동이니까 오라고 하지.

오늘은 내가 살게….”

“아닙니다. 제가 방송 출연 기념으로 모시도록 하겠습니다.”

“그래? 그럼 좋고….

나도 방송을 봤는데, 실물보다 훨씬 잘 나온 것 같아, 자네 역시 방송 체질인가 봐….”

박 교수님을 모시고, 수내동 참치집으로 들어가자, 주인인 고 사장이 영후 일행을 반갑게 맞아 주었다.

“어…, 고 사장, 잘 지내지?

여전히 장사는 잘되는구먼….

초저녁인데 벌써 손님이 꽤 되는 것 같아….

방은 다 찼겠지?”

“아이…. 박 교수님도….

마침 작은 방이 하나 비어있는데, 2층으로 올라가세요.”

방으로 들어가자마자 오 사장이 합류하면서, 작은 방에 네 사람이 오붓하게 앉게 되었다.

“오늘은 제가 담은 산삼주로 하면 어떨까요? 제가 차에 가서 얼른 가지고 오겠습니다.”

기태가 차에서 산삼주를 가져와서 한 잔씩 돌렸다.

“발효주는 부드러워서 좋단 말이야. 13, 4도 정도 되겠지?”

박 교수가 물었다.

"네. 그 정도 될 것 같습니다. 달콤하고 부드러워서 먹기는 좋지만, 흡수가 잘돼서, 빨리 취하고 비교적 빨리 깨니까, 오 사장님은 조금씩 드세요.

자신도 모르게 취하는 경우가 많으니까요….."

"고마워요. 홍 사장님. 제 생각해 주시는 분은 역시 홍 사장님뿐이네요…."

"아니 오 사장님, 섭섭하게 왜 이러십니까?

제가 앉으나 서나 오 사장님을 생각하는 거, 잘 아시지 않아요?"

영후가 끼어들었다.

오 사장이 영후를 쳐다보고는 더 이상 말을 하지 않았다.

"아니, 사랑싸움은 그만하고, 김 사장 자금 문제를 생각해보자고….

내 생각에는 김 사장이 더 이상 대출을 받기가 쉽지 않을거 같은데….

그렇다면 어떻게 하는 게 좋을까?"

박 교수가 영후의 자금 문제를 끄집어냈다.

"여름 정도까지 지금과 같은 상황이 계속된다면 회사 문을 닫아야 하겠지만, 설마 지금처럼 계속 매출이 없겠습니까?

최대한 버텨 봐야죠."

영후가 말했다.

영후는 박 교수가 술자리에서 자신의 자금 문제를 꺼내자 조금 부담스러웠다. 특히 오 사장에게 자신의 어려운 사정이 알려지는 것이 싫었다.

"김 사장의 구강살균기도 홍 사장의 발효용기처럼 홈쇼핑에서 판매하는 게 가장 좋을 거 같은데, 지금은 홈쇼핑에서 팔 수 있는 상황이 안 되니까, 고객에게 인지도를 높일 수밖엔 없단 말이야….

내 생각에는 일 년 정도는 홍보 위주로, 제품을 알리는 일에 주력해야 하는데, 자금이 없단 말이지…. 흠…."

박 교수가 술이 좀 취하자, 영후의 자금 문제를 걱정스럽게 이야기했다.

"교수님, 제가 여유 자금이 조금 있는데, 교수님이 김 사장에게 투자하라고 하시면, 교수님을 믿고 투자를 할게요."

얘기를 듣고만 있던 오 사장이 말했다.

"응? 오 사장이 투자하겠다고?

무한도전이 좋기는 하지만, 투자 문제는 자신의 판단으로 해야 하는 게 맞는 거 같아.

나도 천만 원 정도는 투자할 수 있지만, 김 사장 생각도 들어봐야 하니까 말이야….

어떤가? 김 사장은?"

"저는 말만 들어도 고맙죠. 하지만 술자리에서 투자 문제를 이야기하는 건 좀 쑥스러운데요….

저도 투자 받는 문제를 차분하게 검토해 보고, 5월쯤에 제가 제안을 드리도록 하겠습니다. 하여튼 제 문제로 부담을 드린 것 같아서 죄송합니다."

"맞아. 술자리에서 투자 문제를 얘기하는 건, 좀 그렇지?

어쨌든, 난 자네를 돕고 싶은 마음이기도 하지만, 자네 제품이 대박을 낼 수 있다는 생각도 있기 때문에 투자 얘기를 꺼낸 것이거든….

하여튼 자네가 차분하게 생각해 보고, 나한테 연락해 줘!"

마침 올해 스승의 날은 일요일이어서, 영후와 멘티들은 금요일 오후 5시경에 연구실로 박 교수를 만나러 갔다.

"다들 마케팅 전쟁을 시작하니까 굉장히 바쁘지?"

박 교수가 영후 일행을 반갑게 맞으며 말했다.

"사실 제가 스승의 날도 잊고 있었는데, 어제 오 사장이 전화를 해서 알게 되었습니다. 죄송합니다."

영후가 바쁘다는 표정을 지으면서 말했다.

"아니야, 스승의 날은 안 챙겨줘도 되는데, 이렇게 잊지 않고 찾아와 주니 고마워서 하는 말이지.

고 사장은 오랜만에 보는데, 요즘 사업 잘하고 있나?"

"그동안 S전자가 요구하는 폴리실라잔의 순도를 맞추지 못해서 납품을 하지 못했었는데, 지난달에 5N(99.999%)의 순도와 품질 기준을 맞춤으로써 국산화에 성공해서 이번 달

안으로는 납품을 하게 될 것 같습니다."

"그래? 그동안 고생 많았는데, S전자에 납품할 수 있게 되었다니 축하해!

그리고 자네가 해야 하는 마케팅은 제품의 기술성을 맞추어야 하는 기술 마케팅이기 때문에, 거래처의 품질 기준을 맞추어야 비로소 마케팅이 시작된다고 할 수 있잖아?

S전자에 납품이 시작되면, 한동안 매일 S전자로 출근해서, 마케팅의 장애 요인은 없는지, 빠른 시일 내에 매출을 늘리기 위해서 해야 할 일이 무엇인지를 직접 파악하고 조치하도록 해….

현장의 기술 담당자, 구매 담당자, 경리 담당자들과 가능하면 자주 얼굴을 보고 대화할 수 있는 기회를 갖기 위해 노력하는 것도 잊지 말고….

조 사장은 매출 많이 올리고 있다며?"

"네. 고객들이 에키벤을 좋아해 주시고, 1호점의 위치 선정도 잘돼서, 하루 매출이 천만 원 정도 되는 것 같습니다.

이 모두가 교수님과 여러 사장님들이 도와 주셨기 때문입니다.

감사합니다."

"조 사장은 시간이 돈이겠구먼. 아무튼 고객이 많이 찾아올 때 잘 지켜야 해!

이 사장은 서비스 시작했겠지? 요즘 어떤가?"

"서비스를 시작하기는 했는데, 시행착오를 많이 겪고 있습니다.

아직 고객을 많이 확보하지 못해서, 전반적인 프로그램 개편을 준비하고 있습니다."

"그래. 선두를 달리고 있는 동종 서비스들보다 고객에게 월등한 만족감을 줄 수 있도록, 차별화된 프로그램을 개발해서 서비스하도록 해야지….

오 사장은 요즘 제품이 없어서 못 파는 거 아닌가?

종업원도 30명은 되지?"

"아이, 교수님도….

종업원은 20명이 조금 넘고요, 올해는 매출 목표를 200억 원 정도 잡고 있어요.

레이스 여성복이 히트 상품이 되면서, 조금 벌고 있는데, 이 모두가 교수님이 잘 지도해 주신 덕분이죠…."

"교수님, 남은 얘기는 식사하시면서 천천히 하시죠.

학교 앞 일식집에 예약을 해 두었습니다."

영후가 말했다.

영후는 5월에 치과 의사 친구로부터 3세트를 주문받았고, 그동안 영업을 한 치과 근처에 있는 약국 몇 군데에서 구강 살균기를 진열해 놓고 판매를 했다. 판촉 제품을 써 보고 효과가 있다고 판단한 치과 의사들 몇 분이 치주염 환자에게 구강살균기를 권했기 때문이었다.

제품을 출시한 지 무려 3개월 만에 매출이 시작된 것이다.

영후는 기태에게 전화를 했다.

"기태야, 넌 홈쇼핑 방송 날짜 잡았냐?"

"네. 형님, 이번 달 26일 10시 30분에 첫 방송이 잡혀서, 창고에 상품 입고하고, 방송 준비하고 있습니다. 서울에 있는 벤더사가 방송 준비를 해 주니까, 전 제품 수량이 부족하지 않도록 신경 쓰고 있습니다."

"그래? 10시 반이면 괜찮은 시간 아닌가? 주부들이 한가해지는 시간이라 많이 팔릴 것 같은데….

묶음 판매하겠지? 그리고 선물도 주나? 근래는 금이나 상품권 주는 곳도 있더라고…."

"이번에는 선물은 없고요, 발효용기 4개를 묶음으로 해서 69,000원에, 2개를 묶음으로 해서 59,000원에 판매하려고 합니다. 4개 묶음이 워낙 싸니까, 판매가 잘될 것 같습니다. 그동안 개당 35,000원에 판매했는데, 이번에 가격을 시원하게 내렸습니다."

"그래. 나도 나중에 홈쇼핑 판매하게 되면, 네가 코치 좀 해 줘라,

안 바쁘면 저녁에 한 잔 할까?"

"그러면 야탑동 아귀찜 집에서 6시에 만나시죠."

영후가 야탑동에 있는 아귀찜 집으로 들어가자 기태가 먼저 와서 기다리고 있었다.

"미안해! 내가 좀 늦었네…."

"아닙니다. 6시 5분인데요.

그나저나 형님은 구강살균기 좀 파셨어요?"

"그래. 몇 개 팔았는데, 돈이 되어야 말이지.

언제까지 이래야 하는지 답답하구나…."

"형님, 저번에 박 교수님이 투자를 해 주신다고 하셨을 때, 투자를 받는 게 낫지 않았을까요?

우리 남자들은 주머니에 돈이 없으면 힘이 빠지고, 의욕이 떨어지잖아요…."

"저는 이번에 홈쇼핑 방송 때문에 2만 개 생산했는데, 생산 비용 전부를 대길공업에서 외상으로 지원해 주셔서, 돈 걱정 없이 방송하게 되었어요. 그런데 박 교수님이 대길공업 사장님께 전화를 해서 저를 도와주라고 하신 것 같아요.

박 교수님하고 대길공업 사장님하고 술 드시다가 친해져서, 형님 아우 하신다는데요…."

"그래? 어쨌든 넌 잘되었네….

나도 돈이 간당간당해서 투자를 받긴 해야 하는데…."

"형님은 뭘 그렇게 걱정하십니까? 지난번에 박 교수님과 오 사장이 형님께 투자하려고 하셨잖아요."

"그렇긴 하지만 구강살균기를 알리고, 홈쇼핑 판매까지

가려면 2억 원 정도는 있어야 할 것 같은데, 2억 원이나 받을 수 있을 것 같지가 않아.

실제 우리 회사 자본금이 1억 원인데, 네가 생각하기에는 우리 회사 가치가 얼마나 될 것 같아?"

"형님, 그런 건 박 교수님께 '모든 걸 알아서 해 주세요.' 하고 맡기시면 되잖아요.

이달 말에 제 홈쇼핑 방송 끝나고 교수님께 같이 가봅시다."

"알았어, 6월 초에 같이 가보자…."

영후가 창업진흥원의 홈쇼핑 지원 사업을 통해서 공영홈쇼핑에서 첫 방송을 한 지 벌써 6개월이 지났다.

기태는 작년 5월에 첫 번째 홈쇼핑 방송에서 일억 이천만 원 정도 매출을 올렸고, 11월 말까지 6개월 동안 삼십억 원이 넘는 매출을 올리면서, 입을 다물지 못하고 있었다.

영후는 박 교수님과 오 사장, 조 사장이 작년 여름에 이억 원을 투자해 준 덕분에 자금 부족에서 벗어나서, 올해 3월에 첫 번째 홈쇼핑 방송을 할 수 있었다.

기태는 작년 11월에 영후에게 일억 원을 투자해 주었고, 홈쇼핑 선배로서, 세세한 부분까지 지적하면서, 영후가 첫 번째 홈쇼핑 방송에서 실패하지 않도록 도와주었다. 기태 덕분에 3월 3일 오후 8시에 시작한 첫 번째 방송은 9천만

원 정도 매출을 했고, 두 번째 방송부터는 일억 원을 넘겼
으며, 6월부터는 방송마다 이억 원이 넘게 매출이 오르면
서, 히트 상품 반열에 오르게 되었다.

영후는 작년 2월에 구강살균기의 판매를 시작하고, 13개
월 동안 제대로 판매를 하지 못했지만, 홈쇼핑을 시작하면
서 회사의 매출 곡선이 급상향하기 시작했다.

그동안 영후는 제품을 홍보하기 위해서 블로그를 열심히
했고, 전국의 치과 병의원의 의사들을 만나서 제품을 소개
하고, 공짜 제품을 엄청나게 뿌렸다. 그 결과 점차 치과 의
사들 사이에서 구강살균기의 효과에 대해서 입소문이 나기
시작하면서 매출이 조금씩 늘어났지만, 적자를 메우지는 못
했다.

하지만 홈쇼핑 첫 방송에서 일억 원 이상 매출을 확실하
게 할 수 있다는 자신감을 갖기 전에는 홈쇼핑에 나가지 않
겠다는 원칙을 지키기 위해서, 열심히 그리고 꾸준하게 홍
보를 했다.

올해 2월이 되자, 영후의 블로그에도 매일 일만 명이 넘
는 사람들이 방문했고, 구강살균기에 대한 긍정적인 글도
올라오게 되었다. 영후는 직감적으로 때가 왔다는 것을 느
꼈다.

첫 방송에는 한 세트 가격인 99,000원에 두 세트를 판매
했고, 다섯 번째 방송부터는 500만 원의 상품권을 선물로

증정하면서 매출이 급증하기 시작했다.

반품도 5% 미만으로 양호한 수준이었다.

영후가 두 번의 사업 실패를 딛고, 세 번째 사업에서 토네이도라는 매출 폭발을 만나게 되는 순간이 온 것이다.

영후가 매출 폭발을 경험하면서, 이제 영후는 더 이상 창업자가 아니었다.

영후는 박 교수님 말씀이 생각났다.

"김 사장, 사업에서 운이라는 것이 있다고 생각하나?"

"네. 대부분은 '운칠기삼(運七技三)'이라고 하는데요….

사업에 실패한 제 친구는 '운구기일(運九技一)'이라고 하던데요…."

"그래. 노력해도 잘되지 않는 것이 사업이지.

그리고 사업의 방향, 그러니까 오늘날의 사업에서는 '혁신과 마케팅'을 모르고, 열심히 한다고 해서 사업에서 성공할 수는 없는 거야.

하지만 사업의 방향도 맞고, 열심히 하는 데도 안 된다면, 정말 운이 없는 것인데, 그 운이란 게 뭔지 아나?"

"글쎄요, 잘 모르겠습니다."

"창업자의 운이란 창업자가 누구를 만나서, 그 사람과 어떤 관계를 갖는가에 달려 있다는 거야….

이해가 가나?"

영후는 자신이 운이 좋다고 생각했다.

영후는 박 교수를 만나서 혁신과 마케팅을 배웠고, 사업이 무엇인지를 이해하게 되었으며, 멘토가 무엇인지도 알게 되었다.

동생이 된 기태도 나에게는 없어서는 안 되는 좋은 운이다.

그리고 빛나와 혜진이는 내가 포기하고 싶을 때, 살아야하는 이유를 가르쳐 준 정말 좋은 인연이고, 운이다.

'나는 정말 운 좋은 남자야….'

〈마케팅 노트〉

박 교수에게 질문하기

Q1. 마케팅의 개념이 무엇인지 헷갈리는데 좀 알려주시
　　고, 창업자에게 마케팅이 정말 중요한 것인가요?

1. 마케팅의 개념
▶ 마케팅은 고객의 선택에 영향을 미치는 판매자의 모든
활동이다.
▶ 마케팅이나 판매는 '공급자와 수요자 간의 교환'이라는
면을 공통적으로 포함하고 있다.
▶ 판매는 자신이 팔고 싶은 상품을 사도록 설득하는 것
이고, 마케팅은 고객이 스스로 선택하고 구매하도록 만
드는 것이라는 점에서 다르다.
▶ 창업자는 환경과 시장의 변화를 이용하여, 고객을 만족
시키는 혁신적인 제품으로 올바른 마케팅을 함으로써
성공할 수 있다. 즉, 오늘날 창업자에게 필요한 기능은
'혁신과 마케팅' 두 가지이다.

2. 마케팅과 사랑의 공통점
‣ 돈이 많이 든다.
‣ 전략이 필요하다.
‣ 상대방의 욕구를 만족시키고, 어떤 대가를 받는 것이다.
‣ 상대방과의 소통이 중요하다.
‣ 물질적, 육체적인 것보다는 정신적, 심리적인 요소가 더 중요하다.

3. 마케팅의 중요성
‣ 오늘날에는 제품과 서비스가 부족한 것이 아닌 고객이 부족한 시대에서 고객 욕구의 변화를 예측하고 신속하게 대응하는 것이 마케팅에서 매우 중요하다.
‣ 창업자의 사업시스템은 3M이 다 갖춰져야 성공할 수 있다. 3M은 고객이 만족하는 차별화된 제품을 만들어 (Manufacturing), 세분화된 시장에서 목표 고객에게 판매하고(Marketing), 그 수익과 고객을 관리(Managing)"하는 것이다. 3M 중에서 창업자에게 가장 중요한 것이 마케팅이다.

▧ 창업자의 사업시스템(3M)

M (Manufacturing)	고객이 만족하는 차별화된 제품(서비스)
M (Marketing)	Segmentation: 세분화된 시장에서
	Targeting: 목표 고객에게
	Strategy: 초기시장전략, 캐즘극복전략 → 판매
M (Managing)	고객(수익)을 관리

Q2. 창업자의 고객은 누구이고, 고객을 어떻게 결정해야
  합니까?

1. 고객은 누구인가?
▶ 내 고객이 누구인지는 먼저 나의 제품이 무엇인지에
  따라서 결정된다.
▶ 나의 제품은 고객의 욕구(Needs)를 만족시키기 위한 것
  이므로, 적어도 최종 제품을 만들기 전까지는 마케팅
  계획이 세워져 있어야 한다.
▶ 마케팅 계획에는 '이 제품이 고객에게 어떤 가치를 주
  는지?, 그 가치를 인정해 줄 수 있는 고객이 누구인지?,
  그 고객을 위해서 무엇을 어떻게 할 것인지?'에 대한 대
  답이 포함되어 있어야 한다.

2. 고객을 어떻게 결정할 것인가?
▶ 마케팅을 STP + 4P(4C)라고 하는데, STP는 시장 세분화
  (Segmentation), 목표 시장 정하기(Targeting), 고객의 마음
  에 자리잡기(Positioning)의 머리글자이다.
  4P(4C)는 고객의 마음에 자리잡기(Positioning)을 하기
  위해서 필요한 전술로서, 4P는 창업자의 입장을, 4C는
  고객의 입장을 의미한다.

▩ 4P와 4C의 비교

사람(People)	고객(Customer)
< 4P >	< 4C >
제품(Product)	고객 가치(Customer Value)
가격(Price)	고객 측의 비용 (Cost to the Customer)
유통(Place)	편리성(Convenience)
촉진(Promotion)	커뮤니케이션 (Communication)

▶ ST는 시장을 세분화하고(Segmentation), 그 세분화된 시장 중에서 목표 시장을 정하는 것(Targeting)이다.

▶ 시장 세분화(Segmentation)은 시장을 구매자의 욕구나 태도, 구매 행동 등 일정한 기준에 따라 비슷한 특징을 가진 소비자 집단으로 나누는 것이고, 세분화된 여러 개의 시장을 분석해서 최종적으로 하나의 시장을 정하는 것을 목표 시장 정하기(Targeting)이라고 한다.

▶ 마케팅 조사는 전체 고객 집단 중에서 표본을 뽑아서 설문조사를 하는 것이고, 그 결과를 검증하기 위해서, 고객 중에서 수십 명을 선택해서 면접조사를 하는 것이다. 면접조사는 질문지를 통한 설문조사를 보완할 수 있고, 질문지로는 알 수 없는 고객의 감춰진 욕구나 거짓말을 찾아내기 위한 것이다.

창업자는 이러한 조사 결과에 따라서 고객 집단을 다시 정하기도 하고, 내 제품이 그 고객 집단을 어느 정도 만족시키는지도 파악해야 한다.

Q3. 마케팅 전략이란 무엇인가요?

▸ STP의 P는 고객의 마음에 자리잡기(Positioning)이고, 고객의 마음에 내 제품의 자리를 만들기 위해서는, 4P(4C)를 혼합해서 하나의 전략(패키지)를 만들어야 하는데, 이것을 마케팅 전략이라고 한다.

▸ 4P(4C)는 고객의 마음에 자리잡기(Positioning)을 하기 위한 수단, 즉 마케팅 전략의 도구가 되는 것이다.
오늘날과 같이 고객이 주도권을 가진 시장에서는 언제나 4P(창업자의 입장)이 아닌 4C(고객의 입장)에서 마케팅 전략을 짜야 한다.

▸ 4P(4C) 중에서 대부분의 창업자가 강점으로 가질 수 있는 요소는 제품(고객 가치)이다.
창업자는 자신의 강점을 활용하고, 다른 요소를 보완한 적절한 마케팅 전략을 수립해야 한다.

Q4. 창업자가 혁신적인 제품으로 마케팅을 할 때, 만나게
되는 고객의 유형은 무엇입니까?

▸ 창업자가 혁신적인 제품을 시장에 출시할 때, 기술 애
호가, 선각자, 실용주의자의 순서로 고객 집단을 만나
게 된다.

▨ 혁신 제품을 시장에 출시할 때 만나게 되는 고객의 유형

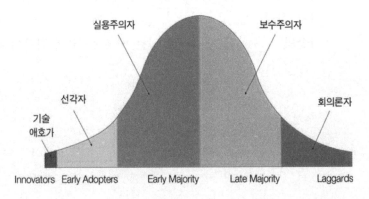

▸ 기술 애호가는 혁신 제품을 사는 이유가 '그냥 좋아서'
이고, 그냥 쿨(Cool)하게 구매한다. 시장에서의 비율은
약 2.5%이다.
▸ 선각자는 오피니언 리더로서의 역할도 수행하고, 소득
이 많고, 교육 수준도 높기 때문에 초기 시장 성공의
열쇠를 쥐고 있다.

선각자의 신제품 구매는 주로 개인적, 경제적, 전략적 목적을 달성하기 위한 것이고, 시장의 약 13.5%를 차지하고 있다.

▸ 실용주의자는 창업자가 마케팅에 성공하기 위해서, 반드시 포지셔닝해야 하는 고객 그룹이다.

실용주의자는 기술 자체에는 관심이 없고 실제적인 문제에 집중한다. 검증된 결과를 요구하고, 성공 사례를 알고 싶어 하며, 남들이 많이 구매하는 제품인지를 알고자 한다.

시장의 약 34%를 차지하고 있는 매우 큰 고객 집단이다.

Q5. 창업자는 왜 혁신적인 제품으로 시장에 뛰어들어야
    합니까?

▸혁신이란 기존과 다른, 새로운 방법, 새로운 제품으로
 마케팅을 해서 돈을 버는 것이다.
 혁신적인 제품이란 고객이 기존과는 여러 가지 면에서
 다르다고 느끼는 제품을 말한다.
 즉, 혁신적이냐 아니냐의 구분은 고객들의 입장에서 해
 야 한다.
 따라서 혁신 마케팅이란 '고객이 혁신적이라고 생각하
 는 제품의 마케팅'이다.
▸오늘날의 비즈니스에는 두 가지가 가장 중요한데, 그것
 은 마케팅과 혁신이다.
▸창업자는 혁신적인 제품으로 혁신적인 마케팅을 해야
 만 성공할 수 있다. 즉 창업자는 고객이 그다지 혁신적이
 라고 느끼지 못하는 제품으로, 대기업이나 강력한 기존
 중소기업이 장악하고 있는 시장에서는 마케팅으로 승리
 할 수 없다. 창업자는 그들의 경쟁 상대가 되지 않는다.
▸차별화된 제품이란 기존 제품에 대비해서 고객이 차별
 성이 있다고 느끼는 것이다. 혁신 제품과의 경계선에
 있다. 또한 차별화를 포함한 혁신은 제품의 주요한 기
 능에 대한 것이어야 한다.

Q6. 창업자가 혁신적인 제품을 출시할 때 만나게 되는 초
기 시장 전략이란 무엇입니까?

▶ 창업자의 첫 번째 고객인 기술 애호가들은 제품이 혁
신성이 있다면, 제품이 완벽하지 못 하더라도 구매를
한다. 따라서 그들조차 구매하지 않는다는 것은 제품에
혁신성 (놀랄 만한 요소나 재미있는 요소)가 없다는 것이다. 또
는 제품의 혁신성을 창업자가 잘 설명하지 못했을 수
도 있다.
▶ 창업자가 초기 시장의 핵심 고객인 선각자를 만족시키
는 전략을 초기 시장 전략이라고 한다.

① 혁신성의 충족
혁신성이란 감탄할 정도로 대단한 제품의 요소, 즉 기술
적, 기능적 요소이거나 디자인 등의 요소로 그동안 충족
되지 않았던 욕구를 채워 주는 것을 말한다.
이 요소가 없으면, 첫 번째 고객인 기술 애호가에게도 판
매할 수 없다.
② 포지셔닝 전략
제품에 대한 선각자들의 인식을 공급자가 원하는 방향으
로 유도하여 매출을 향상시키는 것이다. 따라서 창업자는
선각자가 제품에 대하여 원하는 것이 무엇인지를 알고,

그것에 맞는 마케팅 전략을 실행해야 한다.

③ 입소문 마케팅

제품을 사용해 본 선각자들이 스스로 제품의 장점을 발견하고, 기꺼이 지인에게 소개하도록 유도하는 전략이다.

④ 장애요인(두려움과 의심 및 불확실성 등)의 제거

고객이 제품이나 서비스를 구매할 때 가질 수 있는 장애요인을 제거해 주는 것이다.

두려움은 새로운 기술에 대한 학습, 추가적 비용 부담 등에 대한 것이고, 의심은 작동이 잘되는지, 속도나 안정성에 문제가 없는지 등 제품의 기능적 측면의 의심을, 불확실성은 제품 사양이 표준 제품이 될 수 있는지, 서비스가 안정적, 지속적으로 잘될 수 있는지 등에 대하여 확신하지 못하는 것을 말한다.

(요약) 창업자는 초기 시장에서 성공하기 위해서, 고객에게 혁신성을 충족시킬 수 있는 제품으로, 두려움과 의심 및 불확실성 등 장애요인을 제거하고, 선각자를 포지셔닝해서, 입소문을 유도하는 전략을 써야 한다.

Q7. 캐즘(데스밸리)는 무엇이고, 이것을 극복하기 위한 창
　　업자의 전략은 무엇입니까?

▶ 캐즘은 초기 시장의 주역인 선각자와 실용주의자 사이
　에서 발생하는 커다란 틈(괴리)이다.
　캐즘을 데스밸리(죽음의 계곡)이라고 부르기도 한다.
　캐즘은 창업자가 초기 시장에서 선각자를 상대로 하는
　마케팅이 실용주의자에게는 효과를 발휘하지 못하기
　때문에 생기는 현상이다.
　초기 시장에서 매출이 더 이상 늘어나지 않는다면, 그
　창업자는 캐즘에 빠져 있는 것이다.
▶ 창업자가 캐즘을 극복하기 위한 전략은 마케팅 전략을
　실용주의자에게 맞추는 것이다.

① 집중 전략
창업자가 목표로 정한 하나의 틈새 시장에 창업자의 모
든 힘을 집중하여 마케팅을 실행하는 것이다.
무어는 이러한 전략을 '볼링 앨리(Bowing Alley)'라고 했다.
볼링을 할 때 한두 개의 표적 핀을 힘차게 쓰러뜨려 스트
라이크를 만들어 내듯이, 자신이 목표로 정한 틈새 시장
에 마케팅을 집중하는 것이다.

② 완전 완비 제품 전략

창업자는 자신의 제품을 고객의 요구에 완벽하게 맞춘 완전한 제품을 만들어야만 실용주의자를 만족시킬 수 있고, 부가적인 제품, 무료 교육 등의 서비스도 제공하여야 한다.

▶ 창업자는 전기 다수 시장의 실용주의자를 완벽하게 만족시킴으로써 성공할 수 있다.

이 경우에 창업자는 '매출 폭발'을 경험하게 되는데, 이 시기에는 창업자가 주문과 배송을 잘 소화하고, 점유율을 높이기 위하여 최선을 다해야 한다.

또한 고객의 다양한 요구를 제품에 반영할 여유가 없으며, 제품의 표준화와 단순화를 통하여, 자신의 제품을 확산시키고, 보급시켜야 한다.

▶ 창업자가 매출 폭발을 경험하면, 그때부터 창업자는 더 이상 창업자가 아니다.

Q8. 창업자가 자신의 시장에 맞추어서, 어떤 마케팅 전략
을 써야 합니까? (스타트업 마케팅 전략이란?)

1. 스타트업 마케팅이란? (일반 마케팅과의 비교)

‣ 창업자는 작은 틈새 시장에 집중해야 성공 확률이 높다.
창업자는 자산이 적기 때문에, 목표 시장을 아주 작게
정해서, 그 시장에 집중해야 한다.

‣ 창업자는 일반적인 제품이 아닌 상당히 차별적이고, 혁
신적인 제품으로 승부해야 한다.
창업자는 일반적인 제품으로는 성공하기 어렵다.

‣ 창업자에게 맞는 마케팅 전략을 최소의 비용으로 효율
적으로 실행해야 한다.
특히 온라인 마케팅이나 모바일을 적극 활용해야 한다.
창업자들은 광고나 홍보 등 돈이 많이 드는 마케팅보
다는 블로그 등을 활용하는 SNS 마케팅에서 상대적으
로 좋은 성과를 보인다.

‣ 창업자들은 내가 유리한 장소에서, 내가 유리한 시간에
사업을 시작하여야 한다.

2. 시장에 따른 창업자의 마케팅 전략 (스타트업 마케팅 전략)

▨ 스타트업 마케팅의 분류
당신은 어떤 마케팅을 해야 하는가?

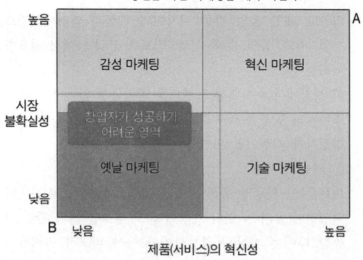

▶ '시장의 불확실성'과 '제품(서비스)의 혁신성'에 따른 네 가지 마케팅 유형

① 옛날 마케팅
시장 불확실성과 제품의 혁신성이 모두 낮은 경우의 마케팅 유형이다.
소위 전통적 마케팅이라는, 소비재 중심의 시장에서의 마케팅을 말한다.

② 감성 마케팅

전통적 마케팅에 해당하는 상품 중에서 소비자의 다양한 기호와 복잡한 욕구가 형성되어 시장의 불확실성이 증대되는 경우의 마케팅 유형이다.

의류나 패션 등의 각종 디자이너 제품과 엔터테인먼트 산업, 영화, 공연, 문화 산업, 스포츠 산업 등에서 필요한 마케팅이다.

이 시장에서는 시대적 트렌드를 정확하게 읽어내는 능력, 소비자의 반응을 예측하는 능력, 상품 디자인 능력 등이 창업자가 갖춰야할 마케팅의 핵심 요소이다.

③ 기술 마케팅

새로운 암 치료제 등의 제품과 같이, 기술적인 수준이나 혁신성이 높지만, 일단 개발이 되고 임상을 거쳐 판매 가능한 때에는 시장 불확실성이 낮아서 비교적 마케팅이 쉬운 경우의 마케팅 유형이다.

이 시장에서는 혁신적 제품에 대한 소비자의 우려를 줄여 주고, 제품의 신뢰를 높여 주는 것이 마케팅의 핵심이 된다.

④ 혁신 마케팅

제품 또는 서비스의 혁신성과 시장 불확실성이 모두 높은 경우의 마케팅 유형이다.

과거에는 없었던 새롭고 혁신적인 제품이나 서비스를 판

매하고자 하는 경우에는, 이러한 혁신성으로 소비자의 욕구를 만족시켜줄 수 있어야 하고, 제품이나 서비스에 대한 고객의 시장 반응을 파악하여 장애요인을 제거하는 등의 초기 시장 전략과 캐즘 극복 전략으로 고객을 만족시켜야 한다.

▶ 스타트업 혁신 마케팅 전략이란 앞에서 설명한 창업자의 초기 시장 전략과 캐즘 극복 전략으로 그 시장의 고객을 만족시킴으로써 매출 폭발을 통해서 성공하는 것이다.

▶ 창업자는 시장에 따라서 전통적인 마케팅 전략과 혁신 마케팅 전략을 적절하게 혼합한 마케팅 전략을 구사하여야 한다.

이야기를 마치면서

저는 마흔 한 살이라는 적지 않은 나이에 창업을 했습니다. 질 수밖에 없는 싸움터에서 피를 흘리면서도, 무려 10년이라는 세월을 버텼습니다.

저는 지고 싶지 않았습니다. 그러나 질 수밖에 없었습니다.

제가 회사 문을 닫으면, 저는 회사의 주주들과 저를 도와주신 많은 분들의 얼굴을 똑바로 쳐다볼 수 없을 것입니다. 그래서 저는 망설였고, 밤잠을 설칠 수밖에 없었습니다.

저는 창업자들과 학생들에게 창업이 무엇이고, 어떻게 마케팅을 해야 성공할 수 있는지를 가르치면서 스스로 많은 것을 배웠습니다.

이제 저는 제가 왜 창업에 실패했는지, 아니, 실패할 수밖에 없었는지를 잘 알고 있습니다.

그 이유를 남들이 이해하기 쉽고, 정확하게 말할 수 있습니다. 왜냐하면 그 이유를 뼛속 깊이 잘 알고 있기 때문입니다.

물론 자신의 실패를 이야기하는 것은 멋쩍고, 자랑스러운 일은 아닐 것입니다. 또한 자신의 성공을 자랑스럽게 이야기하는 젊은 사장들을 보면 부럽기도 합니다.

그렇지만 저는 창업자들에게 귀에 못이 박히도록 이런 말을 합니다.

"이길 수 없는 싸움은 하지 마세요.

이길 수 있다는 확신이 들었을 때 싸움을 시작해야 합니다.

그리고 그 싸움은 창업자가 스타트업 마케팅을 이해하지 못했다면 승산이 없습니다."

저는 독자 여러분이 재미있게 소설 한 편을 읽으면서, 혁신적인 제품이나 서비스가 무엇을 말하는지, 창업자가 이러한 제품이나 서비스로 어떻게 마케팅을 해야 하는지를 스스로 알게 되었으면 하는 간절한 바람으로 이 책을 썼습니다.

저의 진심이, 아니 책 속의 창업자들의 마음이 이 소설을 읽는 독자 여러분들께 충분히 전달되었다면 더할 나위가 없을 것입니다.

아울러 이 이야기는 특정 기업이나 특정한 인물과 관련이 없는 허구의 소설임을 이해하여 주시기 바랍니다.

끝으로 창업자들의 마케팅 소설을 집필하는 데 격려와 응원을 해 주신 저의 멘티 창업자 여러분과, 살아오면서 분에 넘치는 관심과 사랑을 주신 많은 분들께 고마움을 전하고 싶습니다.
또한 이 책을 쓰는 데 필요한 아이디어와 도움을 주신 분들과 박영사 관계자 여러분께도 진심으로 감사드립니다.

2017년 5월
저 자
성형철

저자 소개

성형철(成亨哲)

대학에서 법학을, 대학원에서 화학공학을 전공했다.

15년간 대기업, 공공기관, 증권회사에서 일했고, 기술 창업으로 회사를 설립하여 약 10년간 경영했다. 재취업하여 학교기업 센터장, 중소기업 연구소장을 지냈으며, 현재 대학 교수로 재직하면서, 창업 강의와 멘토링을 하고 있다.

저서 『기술 창업으로 성공하기』가 2015년 대한민국학술원 우수학술도서로 선정되었다.

(저자 이메일: shc495112@naver.com)

(저자 블로그: blog.naver.com/shc495112)

소설로 배우는 실전 창업 마케팅

말아먹고 세 번째

초판발행	2017년 5월 20일
중판발행	2019년 1월 10일
지은이	성형철
펴낸이	안종만
편 집	배우리
기획/마케팅	장규식
표지디자인	조아라
제 작	우인도·고철민

펴낸곳   (주)**박영사**
　　　　 서울특별시 종로구 새문안로3길 36, 1601
　　　　 등록 1959. 3. 11. 제300-1959-1호(倫)

전 화	02)733-6771
f a x	02)736-4818
e-mail	pys@pybook.co.kr
homepage	www.pybook.co.kr
ISBN	979-11-303-0434-2 93320

copyright©성형철, 2017, Printed in Korea

정 가   15,000원